Aus dem Französischen: Stefanie Gabriel, Susanne Kaufmann

Wir danken dem Bewegungstherapeuten Pablo Fayet
für seine freundliche Unterstützung.

# Dein buntes Wörterbuch des menschlichen Körpers

Idee: Emilie Beaumont

Text: P. Simon

Illustrationen: N. Soubrouillard

FLEURUS VERLAG

FLEURUS VERLAG, Mainzer Straße 116 - 66121 Saarbrücken

# DER BAU DES KÖRPERS

## WIR SIND ALLE VERSCHIEDEN

Es gibt Milliarden Menschen auf der Erde, aber kein einziger gleicht einem anderen ganz und gar.

Wir haben nicht alle die gleiche Hautfarbe. Manche Menschen sind schwarz, andere sind weiß oder gelb.

Selbst die Mitglieder einer Familie sehen nicht alle gleich aus. Jeder unterscheidet sich in irgendetwas vom anderen.

# WIR SIND ALLE GLEICH GEBAUT

Wir sind groß oder klein, dick oder dünn; aber wir alle haben einen Kopf, zwei Arme und zwei Beine.

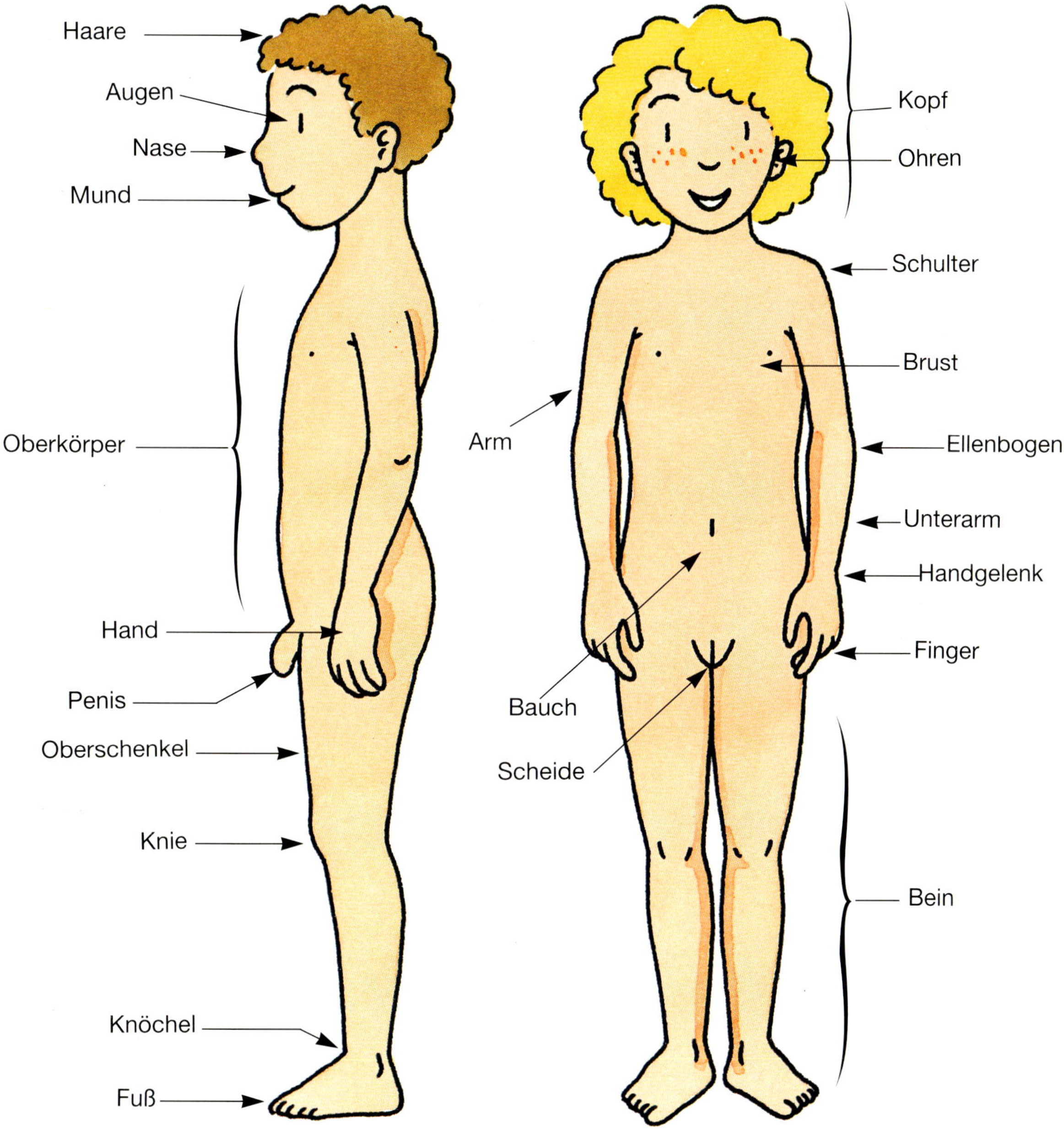


Zeige und benenne alle Deine Körperteile. Fange damit beim Kopf an.

## DAS SKELETT

Wir stehen aufrecht, wir gehen, wir sitzen, weil wir Knochen haben, die den Körper stützen. Alle Knochen zusammen bilden das Skelett.

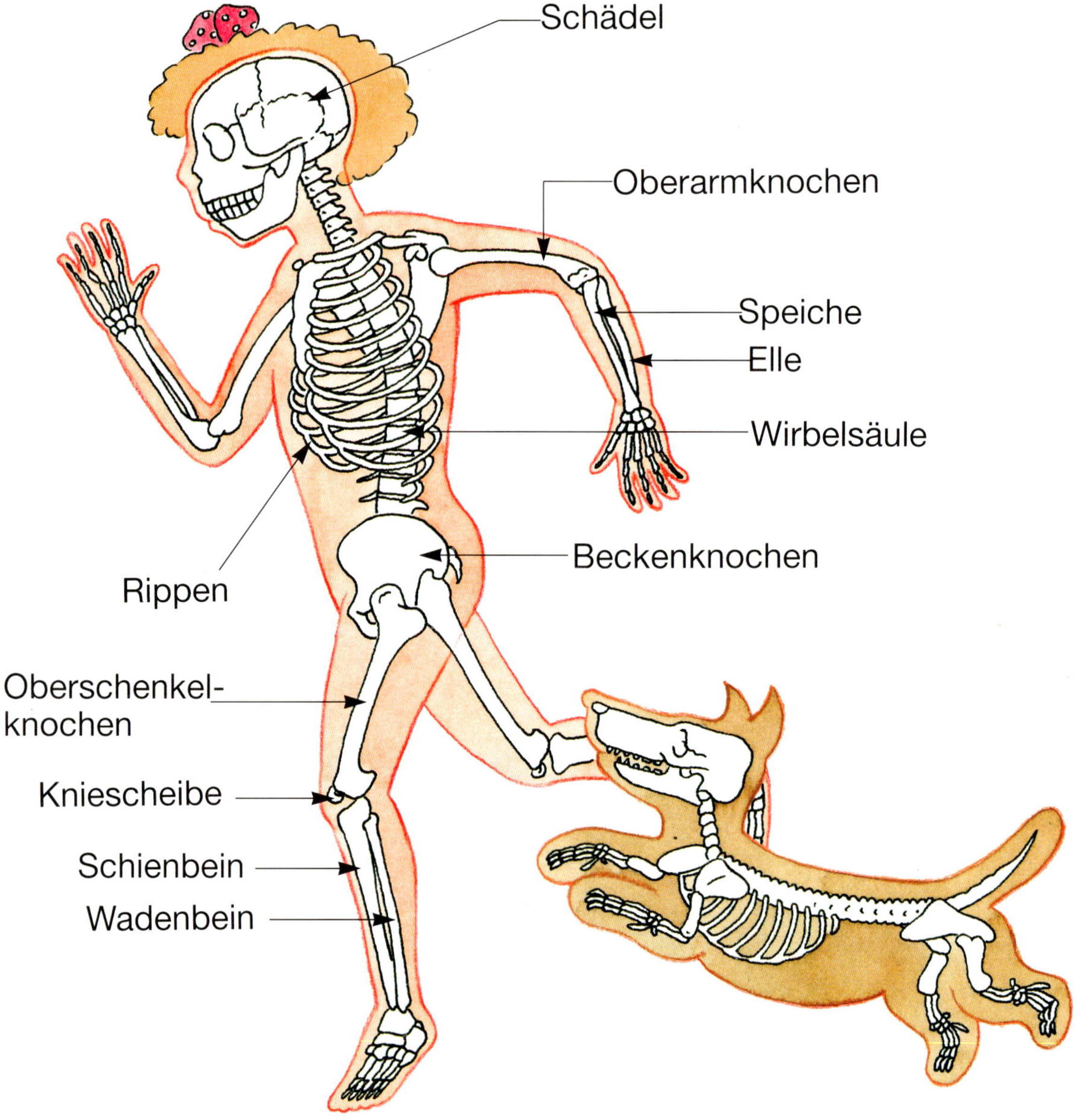


Der menschliche Körper besteht aus 206 Knochen. Jeder dieser Knochen hat einen Namen. Wieviele kennst Du?

# HABEN TIERE AUCH EIN SKELETT?

Viele Tiere haben ein Skelett: Hunde, Katzen, Vögel, Schlangen, Fische...

Tiere, die ein Skelett haben, gehören zu der großen Familie der Wirbeltiere, denn sie besitzen eine Wirbelsäule.

Der Regenwurm hat keine Knochen, er ist ganz weich.

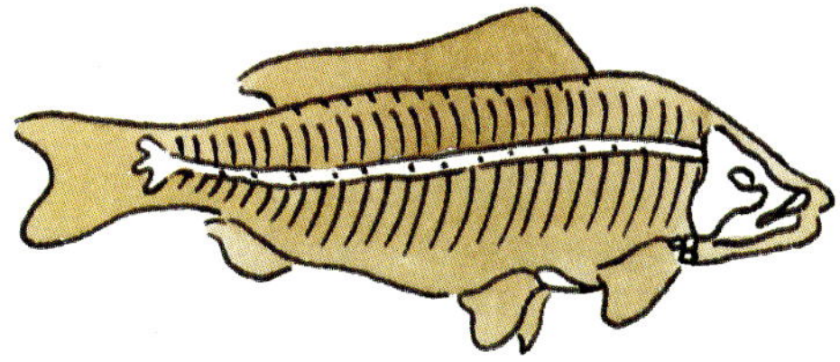

Der Fisch ist ein Wirbeltier. Sein Skelett besteht aber nicht aus Knochen, sondern aus Gräten.

Krebs und Schnecke haben einen weichen Körper ohne Knochen, der durch eine Schale oder ein Haus geschützt ist. Sie gehören zu der Familie der Wirbellosen, denn sie haben keine Wirbelsäule.

## KNOCHEN HABEN VERSCHIEDENE FORMEN

Knochen sehen nicht alle gleich aus. Manche sind lang, andere sind flach, klein oder auch rund.

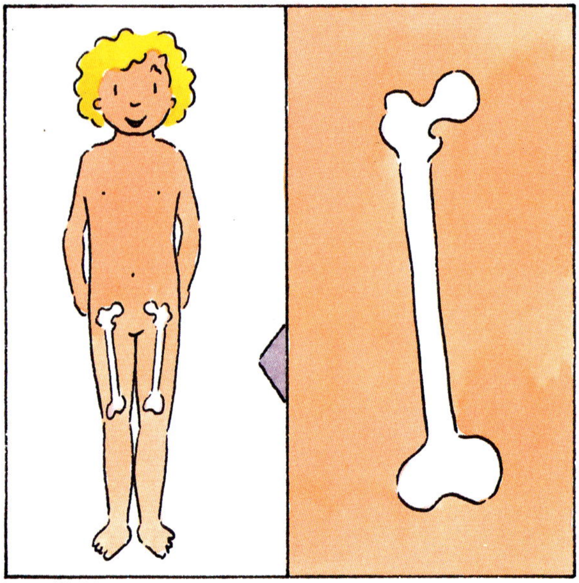

Der Oberschenkelknochen ist der längste von allen Knochen.

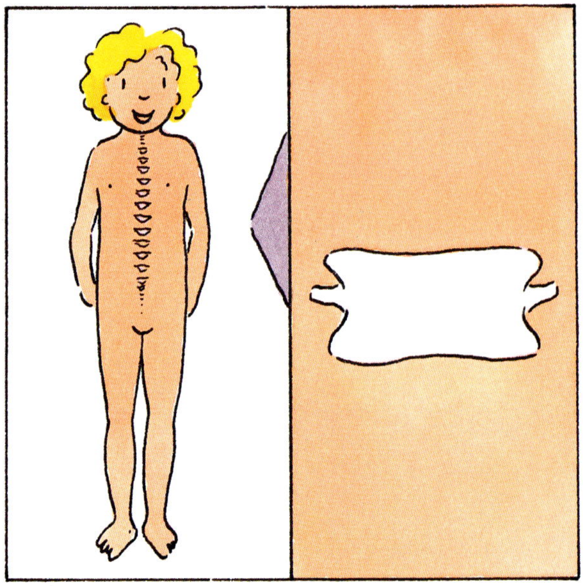

Die Wirbelsäule besteht aus vielen kleinen Knochen.

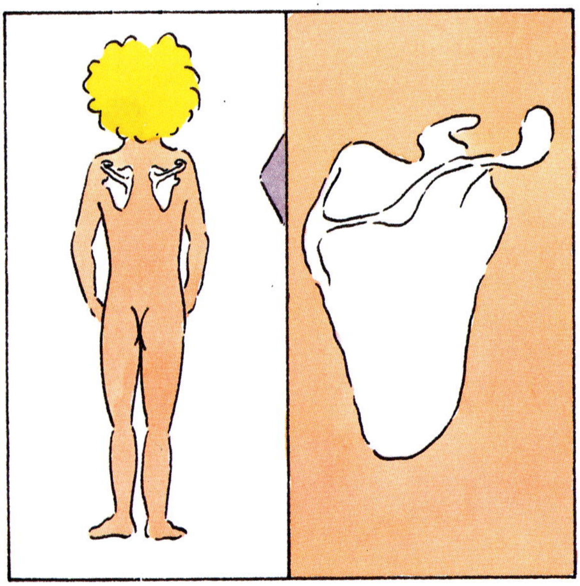

Das Schulterblatt ist ein handgroßer, sehr flacher Knochen.

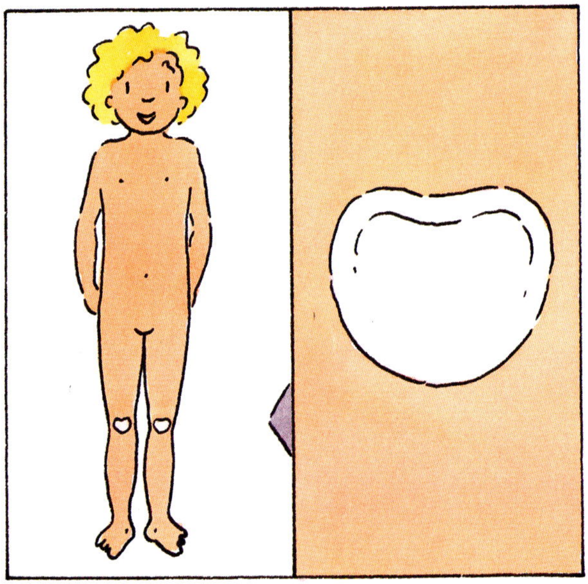

Die Kniescheibe ist ein kleiner, abgerundeter Knochen.

# DIE AUFGABE DER KNOCHEN

Zum einen sind die Knochen dazu da, die Organe in unserem Körper vor Stößen und Verletzungen zu schützen.

Der Schädel schützt unser Gehirn.

Die Rippen und das Brustbein schützen Herz und Lunge.

Zum anderen dienen sie als Stütze. Ohne sie könnten wir nicht aufrecht stehen und wären unfähig, einen Stift zu halten.

# DIE KNOCHEN WACHSEN

Die Knochen wachsen mit uns etwa bis zum 20. Lebensjahr, dann sind sie ausgewachsen. Deshalb werden Erwachsene nicht mehr größer.

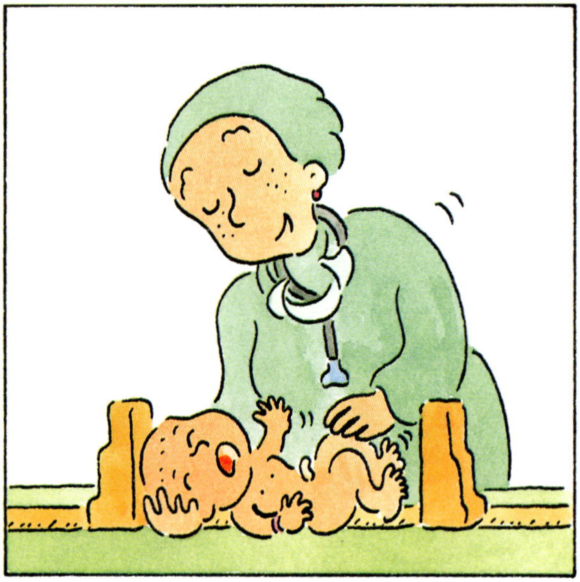

In den ersten Lebensmonaten wachsen wir besonders schnell.

Wir müssen uns gesund ernähren, damit die Knochen gut wachsen.

Würden die Knochen zu früh mit dem Wachsen aufhören, blieben wir so klein wie Zwerge. Das Krokodil wächst sein ganzes Leben lang.

## KNOCHENBRÜCHE HEILEN

Wenn Knochen brechen, werden sie an ihrer Bruchstelle wieder zusammengesetzt und eingegipst. So können sie in Ruhe heilen.

Dieses Kind hat sich bei einem Sturz den Arm gebrochen.

Der Arm wird eingegipst, damit die Knochen nicht verrutschen.

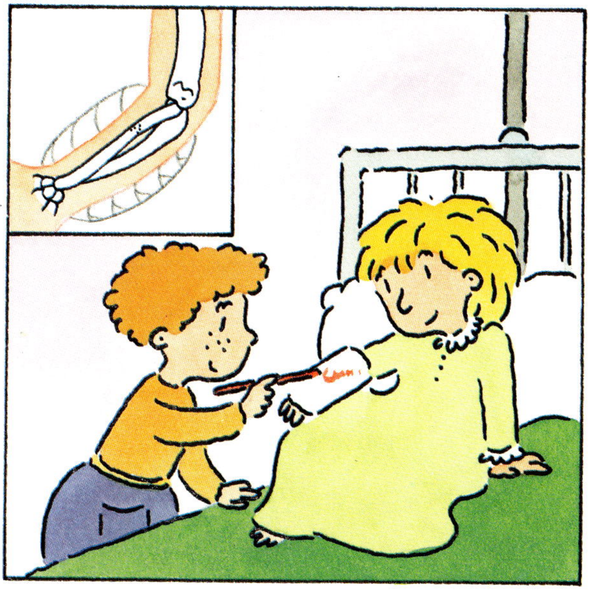

Der Knochen braucht einige Wochen zum Zusammenwachsen.

Nun muß der Arm wieder an Bewegung gewöhnt werden.

# DIE GELENKE

Manche Knochen unseres Skeletts sind durch Gelenke miteinander verbunden. Sie machen viele verschiedene Bewegungen möglich.

Beim Treppensteigen wird das Knie gebeugt und gestreckt.

Die Finger sind durch ihre Gelenke so beweglich.

Arm- und Handgelenke sind beim Halten und Greifen wichtig.

Wenn wir den Mund öffnen, brauchen wir das Kiefergelenk.

# DIE WIRBELSÄULE

Die Wirbelsäule wird auch Rückgrat genannt. Zwischen den einzelnen Wirbeln befindet sich elastischer Knorpel, die Bandscheiben.

Die Wirbelsäule ist sehr biegsam. Sie läßt uns Purzelbäume machen. Sie stützt den Kopf und macht Drehbewegungen möglich.

Dank der Wirbelsäule können wir uns leicht nach links und rechts beugen. Nach hinten ist es viel schwieriger.

## SO GEHT'S ABER NICHT!

Wir haben gesagt, daß der Körper sich in viele Richtungen bewegen läßt. Sind aber auch wirklich alle Bewegungen möglich?

Kannst Du den Kopf ganz nach hinten drehen oder das Bein so heben wie der Junge hier ??

Kannst Du dein Bein so abwinkeln oder Kopf und Oberkörper ganz umdrehen??

# DIE MUSKELN

Die Muskeln sind an den Knochen befestigt. Sie können gedehnt und zusammengezogen werden. So werden Bewegungen möglich.

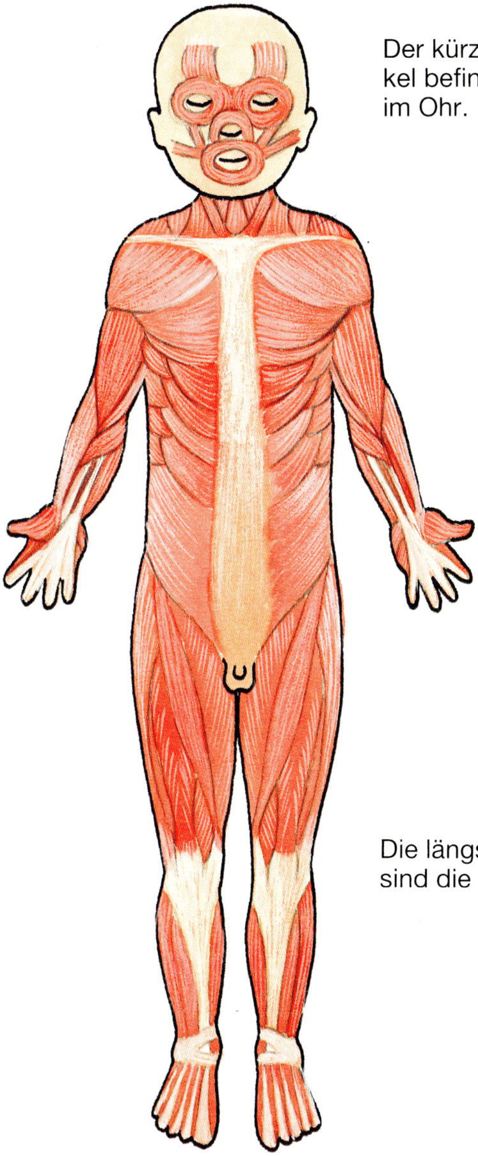

Der kürzeste Muskel befindet sich im Ohr.

Die längsten Muskeln sind die Beinmuskeln.

Um Fußball zu spielen, bewegt der Junge hier die Muskeln seiner Beine.

Um die Puppe zu halten, benutzt das Mächen hier die Muskeln seines Armes.

# DIE AUFGABE DER MUSKELN

Die Muskeln sind lange Fasern. Wie Gummibänder werden sie kürzer oder länger, wenn der Knochen bewegt wird.

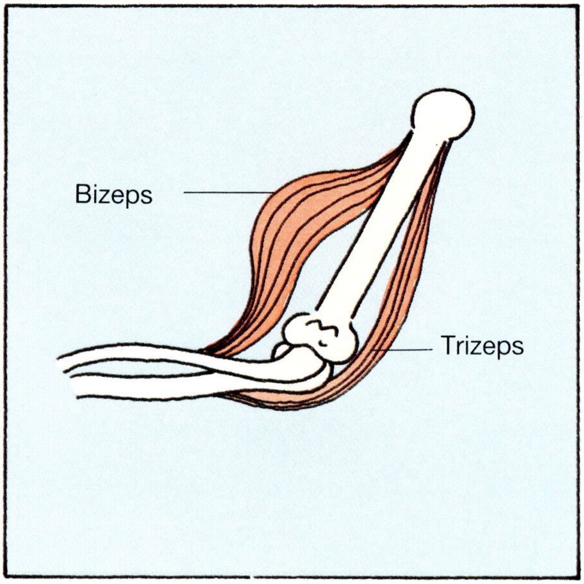


Beim Anwinkeln des Armes wird der Bizeps kürzer und zieht an dem Knochen des Unterarmes. Der Trizeps wird dabei länger.

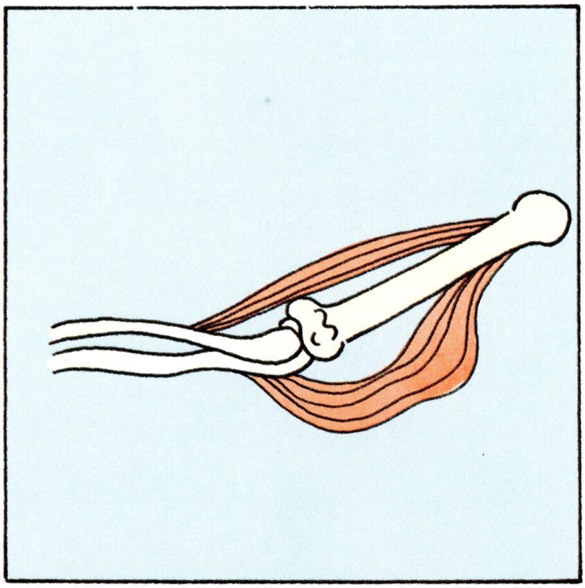

Beim Strecken des Armes wird der Bizeps gedehnt. Der Trizeps wird verkürzt und zieht am Knochen des Unterarmes. Taste beim Beugen des Armes nach Deinem Bizeps. Spürst Du, wie er arbeitet?

## IMMER IN BEWEGUNG

Ständig sind einer oder mehrere Muskeln unseres Körpers in Aktion.

Wir lachen, wir schreien, wir pfeifen, wir schließen die Augen... Die Gesichtsmuskeln sind niemals völlig ruhig!

Um einen Ballon aufzublasen, brauchst Du die Brustmuskeln.

Es gibt Krankheiten, die Muskeln zerstören. Dann ist man gelähmt.

# MUSKELTRAINING

Um kräftige Muskeln zu haben, trainieren Sportler häufig und ausdauernd.

Der Gewichtheber stemmt schwere Gewichte.

Dieser Radsportler ist in Form: Seine Wadenmuskeln sind kräftig.

Manche bauen ihre Muskeln auf, um «Mister Universum» zu werden.

Es gibt viele Geräte, mit denen man die Muskeln trainieren kann.

# DAS HERZ

Das Herz ist ein wichtiges Organ. Es ist ein Muskel, der niemals stillsteht, selbst nachts nicht. Wir sterben, wenn das Herz aufhört zu schlagen.

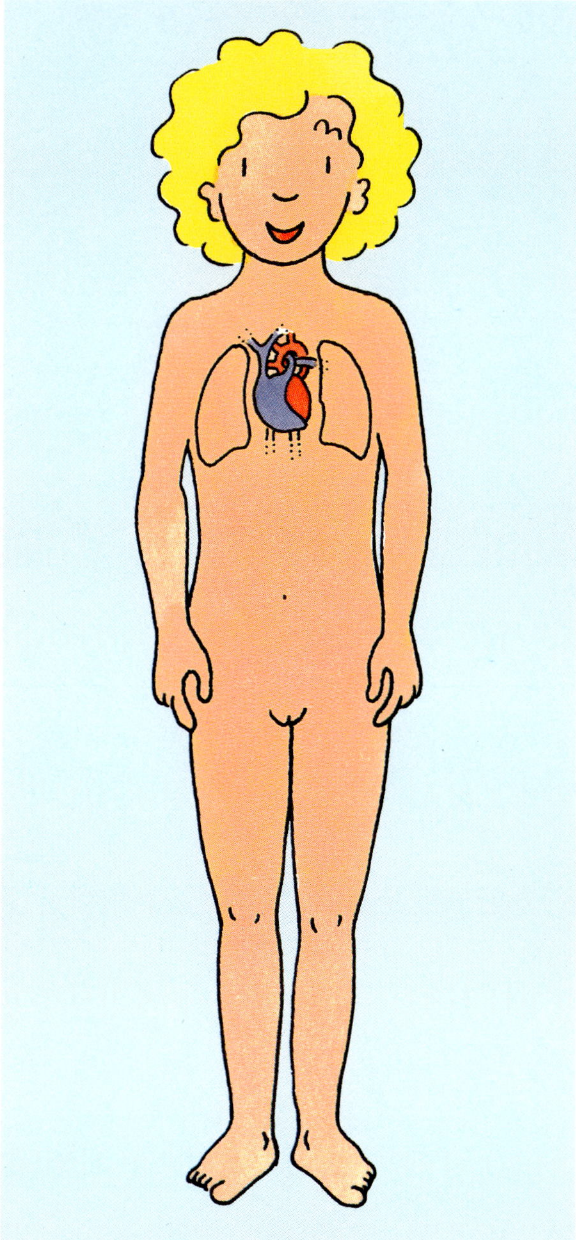

Das Herz liegt zwischen den Lungenflügeln.

Das Herz ist nicht größer als Deine geschlossene Faust.

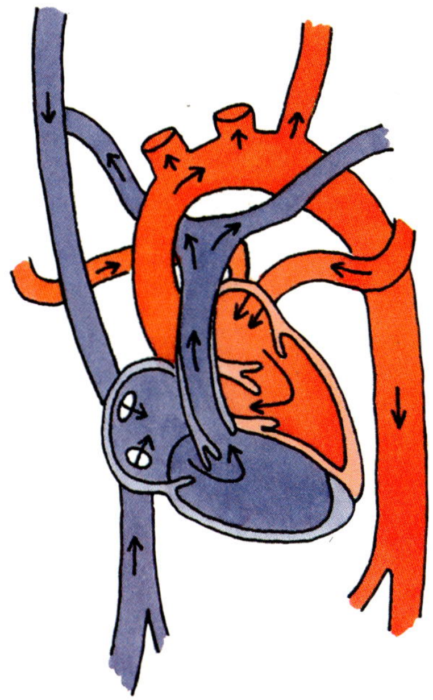

Bei jedem Herzschlag pumpt das Herz Blut in alle Teile des Körpers. Von dort fließt es wieder zum Herzen zurück und strömt dann in die Lunge.

## HERZSCHLÄGE

Das Schlagen des Herzens läßt das Blut durch den Körper strömen. An verschiedenen Körperstellen kannst Du dieses Pulsieren ertasten.

Versuche, an der Ader des Handgelenkes Deinen Puls zu spüren.

Morgens beim Aufstehen schlägt das Herz ca. 70 mal in der Minute.

Nach einem Wettrennen schlägt Dein Herz sehr viel schneller.

Auch wenn man krank ist, schlägt das Herz schneller als sonst.

# DAS BLUT

Das Blut ist eine rote Flüssigkeit, dickflüssiger als Wasser. In Deinem Körper befinden sich etwa 3 Liter Blut. Erwachsene haben ca. 5 Liter.

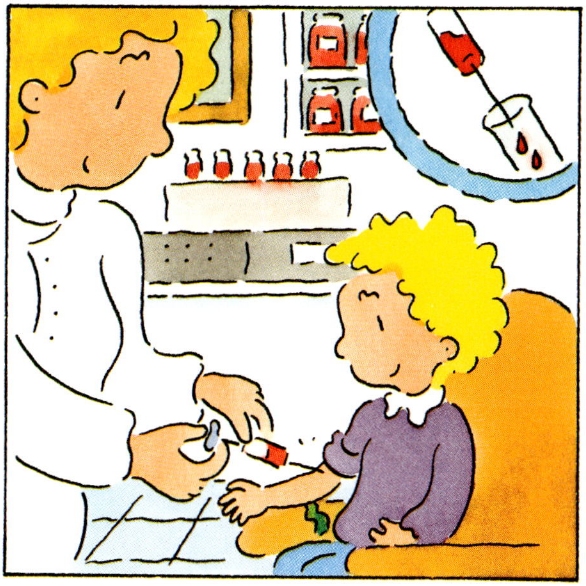

Um Krankheiten zu erkennen, wird ein wenig Blut entnommen.

Im Labor wird das Blut unter dem Mikroskop genau untersucht.

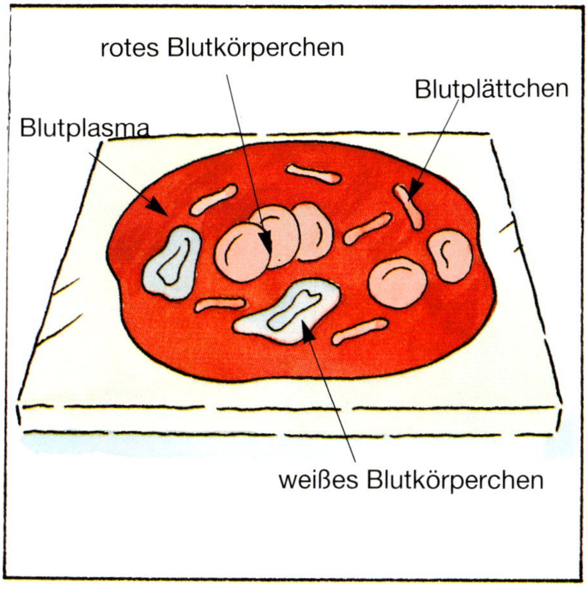


Das Blut setzt sich aus verschiedenen Teilen zusammen.

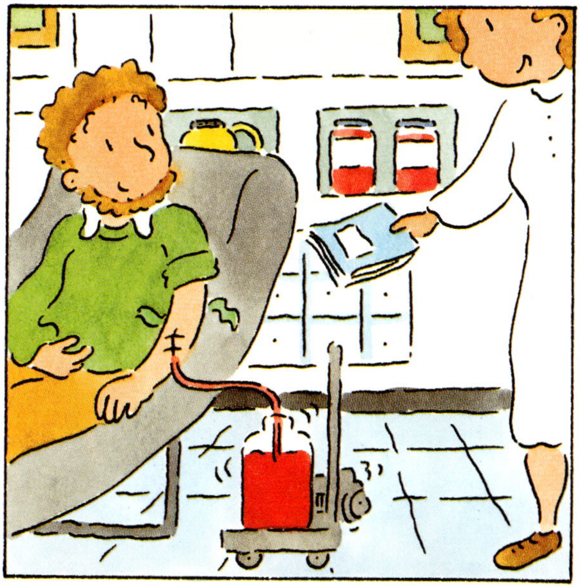

Wenn man Blut spendet, kann man das Leben anderer retten.

# DER BLUTKREISLAUF

Auf dem Weg durch den Körper legt das Blut viele Tausende Kilometer in den Blutbahnen zurück.

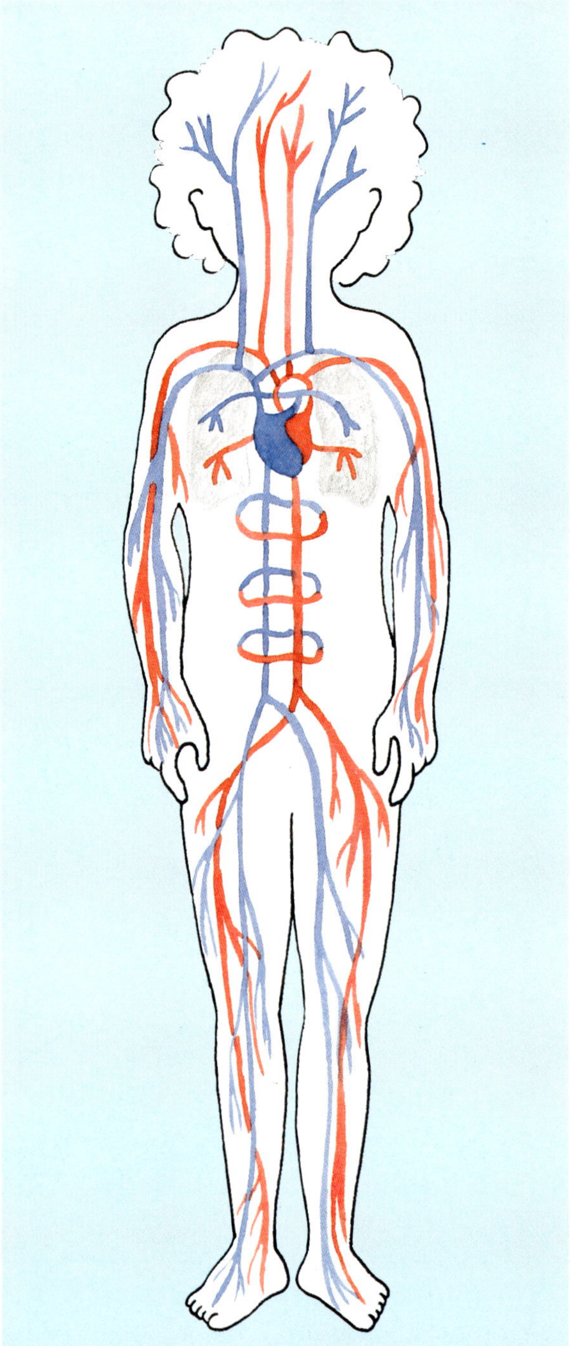

Das Blut bringt die roten und weißen Blutkörperchen und die Plättchen zu allen Stellen des Körpers.

In der Lunge nehmen die roten Blutkörperchen Sauerstoff auf, den das Blut im ganzen Körper verteilt. Der Sauerstoff wird verbraucht. Dabei entsteht gasförmiges Kohlendioxid. Dieses wird vom Blut zur Lunge zurückgebracht. Von hier aus wird es ausgeatmet.

Die weißen Blutkörperchen beschützen den Körper, indem sie ihn gegen Krankheitserreger verteidigen.

Die Blutplättchen verhindern, daß zuviel Blut aus einer Wunde fließt.

Das Blut zirkuliert sehr schnell: Es strömt in großen Adern, die man Arterien nennt, vom Herz weg und fließt in anderen Adern, den Venen, zurück.

## DIE AUFGABE DER WEIßEN BLUTKÖRPERCHEN

Die weißen Blutkörperchen verteidigen den Körper gegen die Mikroben, die winzig klein sind und Krankheiten verursachen können.

Mikroben oder Krankheitserreger gibt es überall: im Sand, in der Erde, auf Pflanzen, in der Nahrung, in der Luft, beim Husten.

Auch Tiere übertragen Mikroben. Sie sammeln sich vor allem auf unseren Händen. Deshalb soll man sie vor dem Essen waschen!

# DIE VIER BLUTGRUPPEN

Es gibt die Blutgruppen A, 0, AB und B. Es ist wichtig, daß man seine Blutgruppe kennt, denn nicht alle Gruppen können vermischt werden.

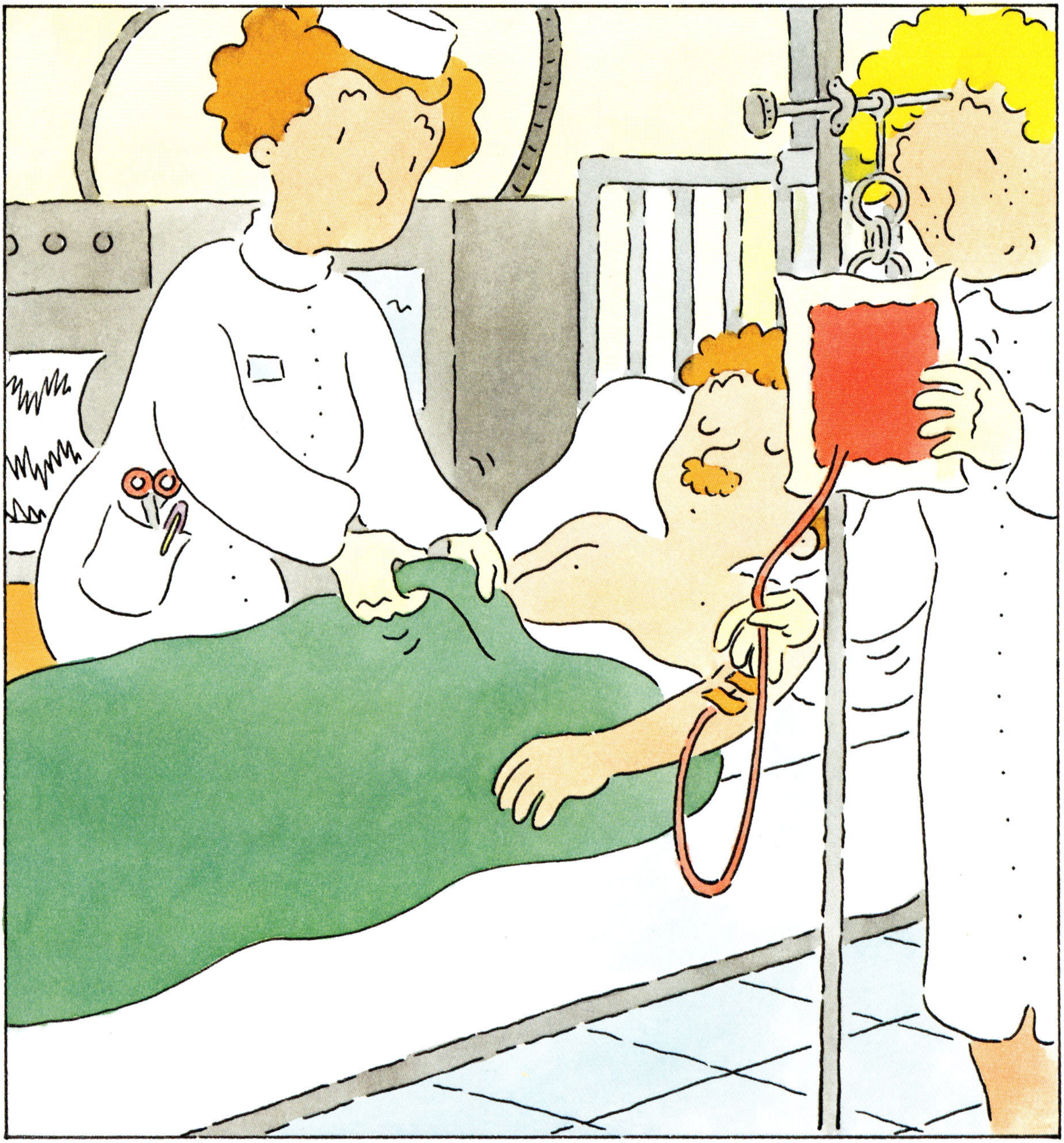

Wenn jemand viel Blut verloren hat, gibt man ihm das Blut eines Spenders, der dieselbe Blutgruppe hat.

# DIE AUFGABE DER BLUTPLÄTTCHEN

Wenn eine Ader verletzt ist, fließt Blut aus. Die Blutplättchen sind dazu da, eine Wunde schnell zu verschließen.

Jede blutende Verletzung muß man zuerst säubern, damit keine Mikroben eindringen. Inzwischen sind die Plättchen schon an der Arbeit.

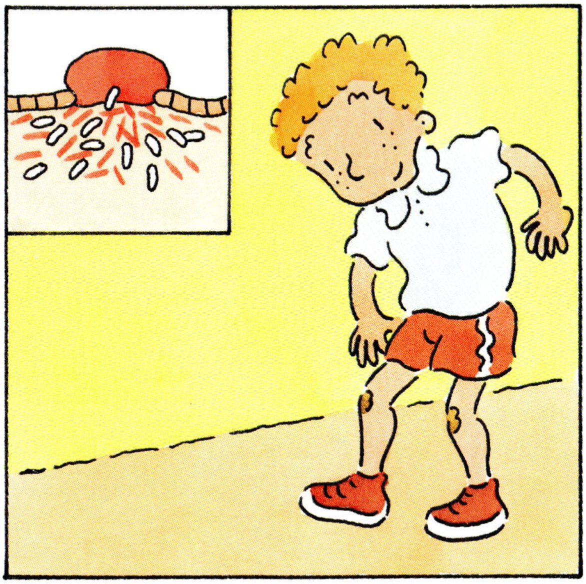

Schorf bildet sich. Er verschließt die Wunde.

Die Haut wächst neu nach, und die Wunde vernarbt.

## DIE GESUNDHEIT DES HERZENS

Das Herz ist wie ein Motor. Ohne es kann der Körper nicht funktionieren. Daher müssen wir auf unser Herz achtgeben.

Um Herzkrankheiten vorzubeugen, sollte man nicht rauchen und darauf achten, nicht zu dick zu werden.

Gut ist es, regelmäßig Sport zu treiben.

Wenn das Herz krank ist, wird ein Elektrokardiogramm gemacht.

# DIE NIEREN

Der Körper produziert Abfallstoffe. Das Blut bringt diese zu den Nieren. Hier wird das Blut gereinigt und die Abfallstoffe ausgeschieden.

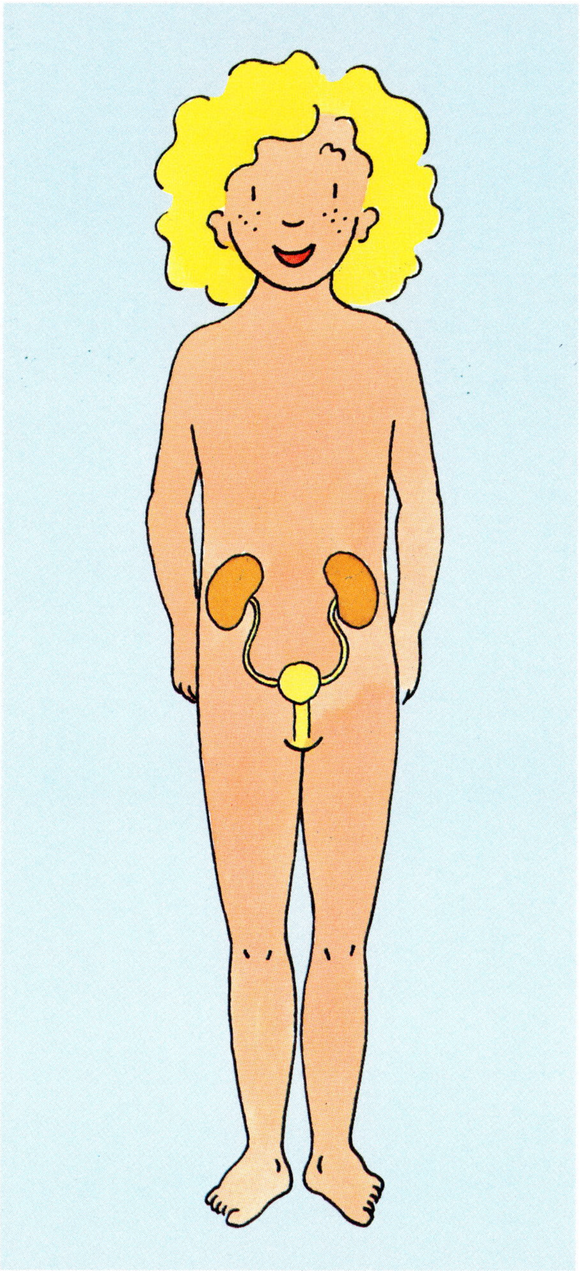

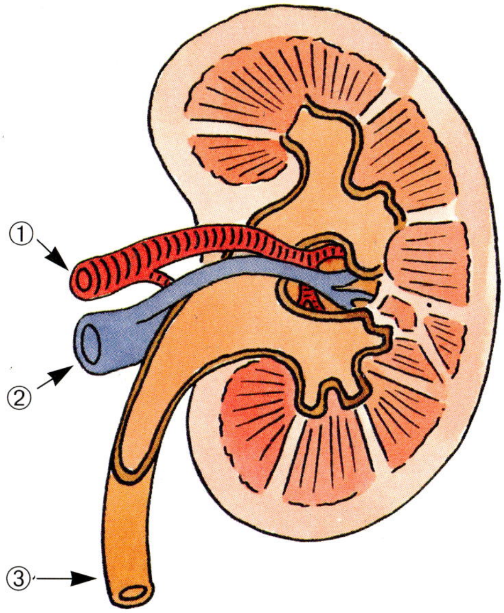


Eine Niere hat die Form einer großen Bohne und ist ein wenig kleiner als Deine geballte Faust. Die Niere ist ein wichtiges Organ, da sie das Blut reinigt. Sie hat kleine Filter, die wie Siebe die Abfallstoffe aus dem Blut zurückhalten. Diese Stoffe bilden den Urin, der in eine Art Tasche, die Blase, fließt.

1. und 2. Kleine Adern, durch die das Blut fließt.

3. Röhre, durch die der Urin in die Blase fließt.

Jeder hat zwei Nieren, die zwischen Becken und Brustkorb liegen. Jede Niere ist durch eine Röhre mit der Blase verbunden.

# DIE BLASE LEEREN

Wenn die Blase voll ist, spüren wir einen Druck. Nun wissen wir, daß wir sie leeren müssen.

Pipi kann man nur schwer zurückhalten.
Man soll nicht zu lange warten, wenn man auf die Toilette muß.

# DIE LUNGE

Die Lunge, die sich im Brustkasten befindet, hat eine sehr wichtige Aufgabe, denn sie ermöglicht es uns zu atmen.

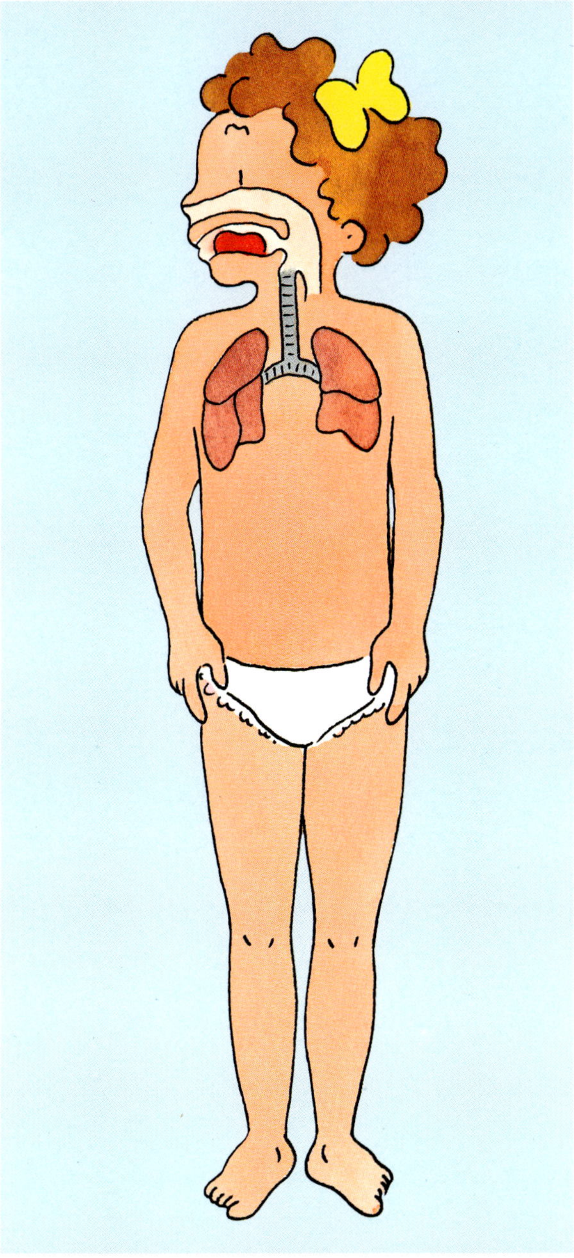

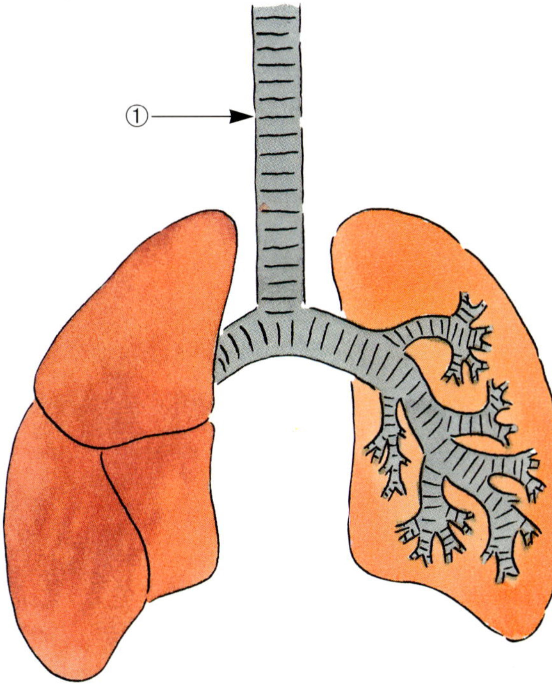


Die Lunge von innen und von außen.

1. Die Luft strömt durch die Luftröhre in die Lunge ein und wieder heraus.

Die Muskeln und das Gehirn brauchen immer Sauerstoff. Wenn der Körper den Sauerstoff verbraucht hat, entsteht ein Gas, das Kohlendioxid. Das Gas muß beseitigt werden. Beim Atmen entweicht das Kohlendioxid aus der Lunge und sie füllt sich mit Sauerstoff.

Als erstes stößt das Baby nach seiner Geburt einen Schrei aus: Die Lunge füllt sich dadurch mit Luft, und die Atmung beginnt.

# DIE ATMUNG

Beim Atmen strömt sauerstoffhaltige Luft in die Lunge, und Kohlendioxid wird ausgeatmet.

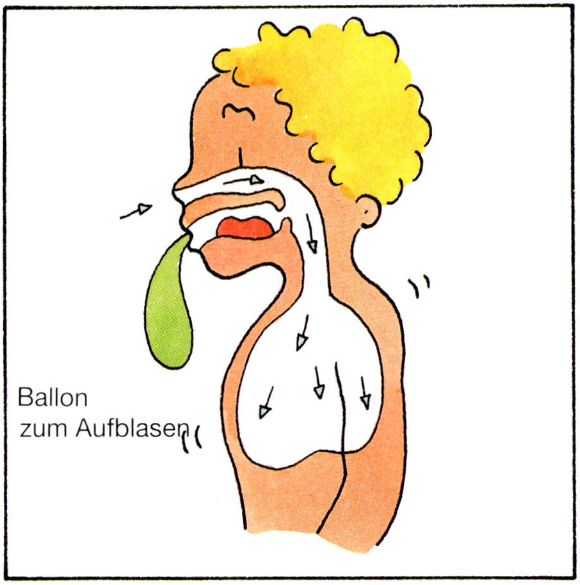


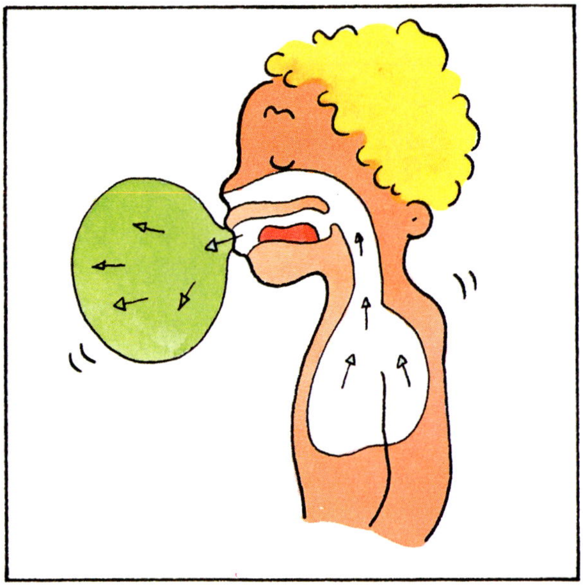

Beim Einatmen werden die Lungenflügel größer, der Ballon verändert sich nicht. Beim Ausatmen werden sie kleiner, der Ballon bläst sich auf.

Wenn es sehr kalt ist, sieht man den Atem beim Ausatmen.

In großer Höhe ist Sauerstoff in Flaschen zum Atmen nötig.

## DER ATMENRHYTHMUS

Wir atmen ständig. Aber je nach dem, was wir tun, atmen wir mal schneller, mal langsamer.

Beim Rennen verbrauchen wir mehr Sauerstoff. Daher atmen wir schneller, damit mehr Luft in die Lunge gelangt.

Wenn wir ohne Eile gehen, atmen wir ruhiger.

Beim Schlafen ist die Atmung langsam und regelmäßig.

## DER SCHLUCKAUF

Hat man Schluckauf, ist der normale Atemrhythmus unterbrochen. Die Luft tritt sehr schnell aus der Lunge aus und macht dabei ein Geräusch.

Man bekommt Schluckauf, wenn man etwas Kaltes oder Warmes zu schnell geschluckt hat. Erschreckt uns jemand, kann er verschwinden.

Andere Mittel: Sich die Nase zuhalten und dabei ein Glas Wasser trinken oder für einige Sekunden den Atem anhalten und Luft schlucken.

## ATEMLUFT, DIE SCHADEN KANN

Die Lunge ist ein sehr empfindliches Organ. Die Luft, die wir einatmen, enthält aber viel Staub und Schmutz. Daher ist ein Schutz wichtig.

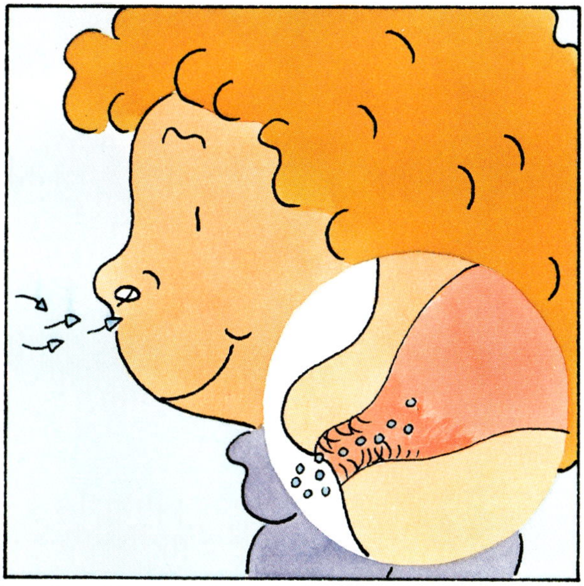

In der Nase sind Härchen, die den Staub auffangen.

Zigarettenrauch enthält Teer, der die Lunge angreift.

Manche Tätigkeiten wirbeln besonders viel Staub auf.

Ist die Luftverunreinigung zu groß, muß man sich beim Atmen schützen.

# DIE STIMMBÄNDER

Wir können reden, schreien, singen, weil wir im Hals zwei dünne, bewegliche Häutchen, die Stimmbänder, haben.

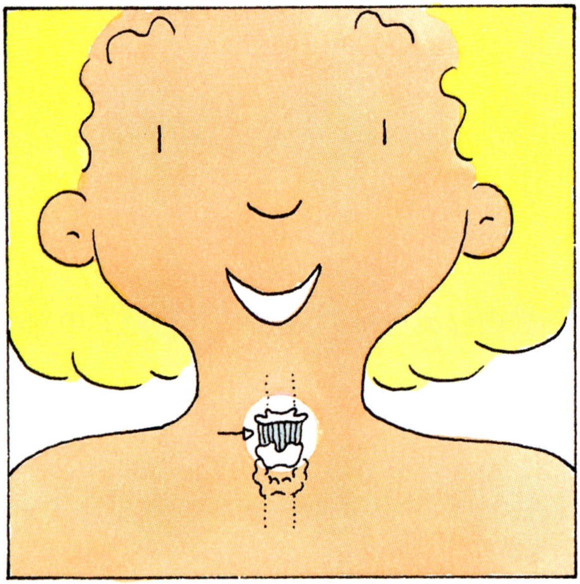
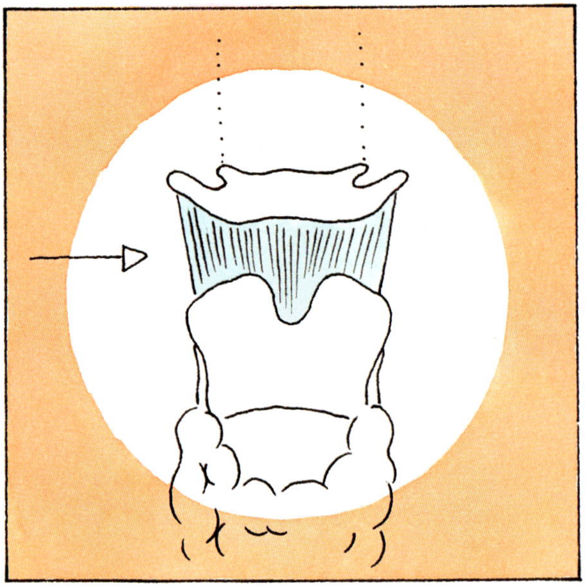

Die Stimmbänder liegen hinten im Hals. Die Atemluft bringt sie zum Schwingen, und der Klang unserer Stimme ist zu hören.

Etwa mit 13 Jahren wird die Stimme der Jungen tiefer.

Die Menschen haben alle verschiedene Stimmen.

# DIE ZÄHNE

Unsere Zähne sitzen im Unter- und Oberkiefer. Sie sind sehr robust, da sie mit einer harten Schicht, dem Zahnschmelz, überzogen sind.

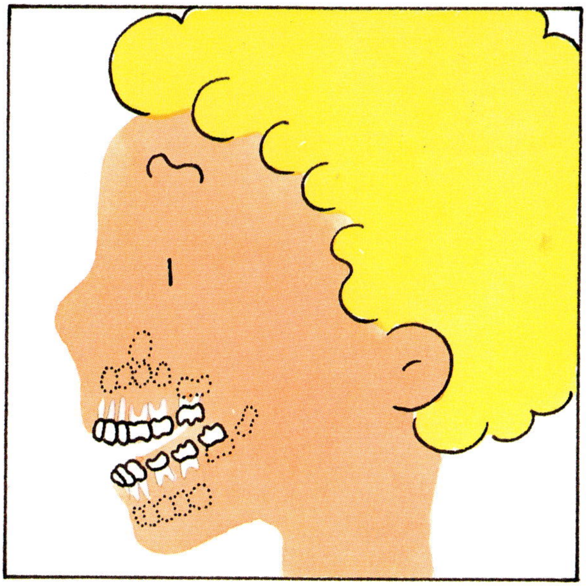

Unter den Milchzähnen befinden sich die bleibenden Zähne.

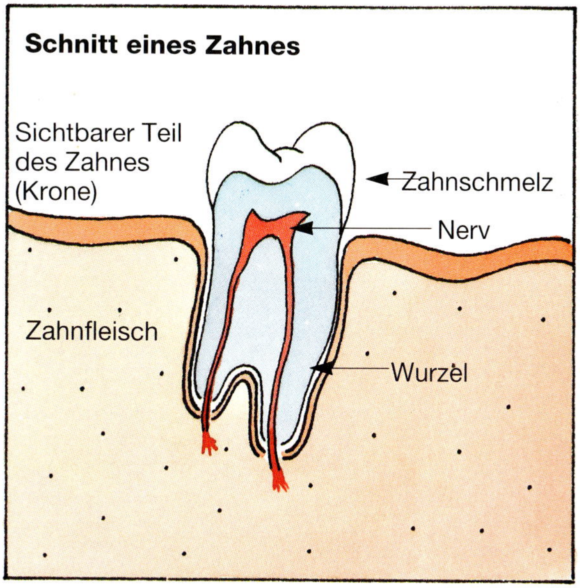


Wenn wir Zahnschmerzen haben, greift Karies die Zahnnerven an.

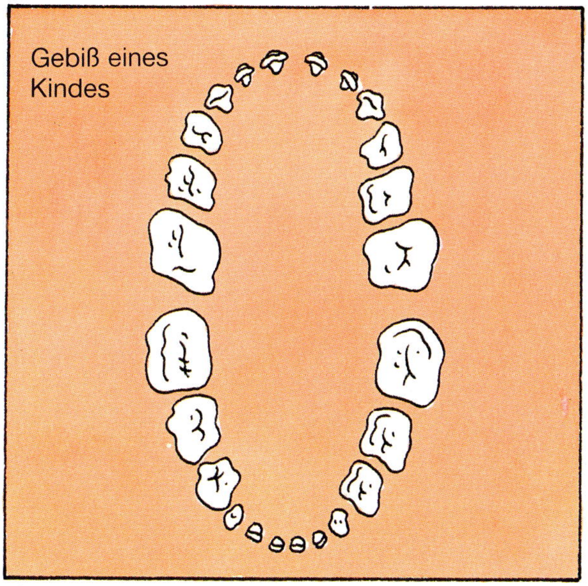


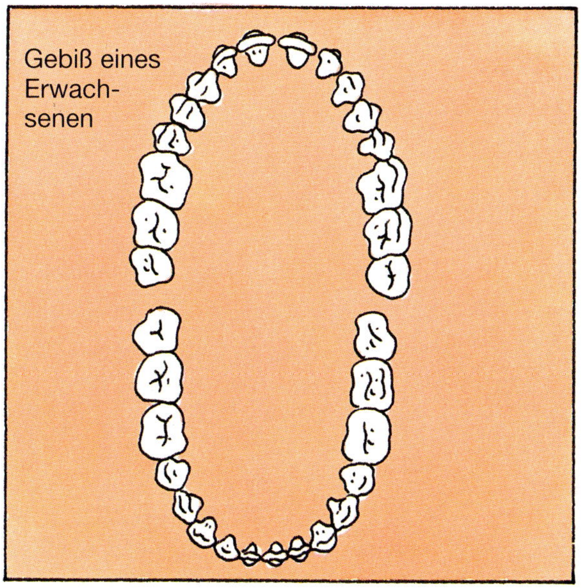


Ein kleines Kind hat 24, ein Erwachsener 32 Zähne. Die vorderen Zähne zerschneiden und zerreißen das Essen. Die großen Backenzähne zermahlen die Nahrung.

# DIE MILCHZÄHNE

Die Zähne, die man bis ins Alter von 6 Jahren hat, werden Milchzähne genannt, da sie wachsen, wenn man noch ein Baby ist.

Bei der Geburt haben Babys noch keine Zähne.

Die ersten Zähne kommen etwa im Alter von 6 Monaten.

Mit 6 Jahren fangen die Milchzähne an auszufallen.

Danach rücken die bleibenden Zähne an ihre Stelle.

# DIE AUFGABE DES MAGENS

Um zu leben, muß man essen. Der Körper kann jedoch die Nahrungsmittel nicht in der Form, wie wir sie zu uns nehmen, direkt verwerten.

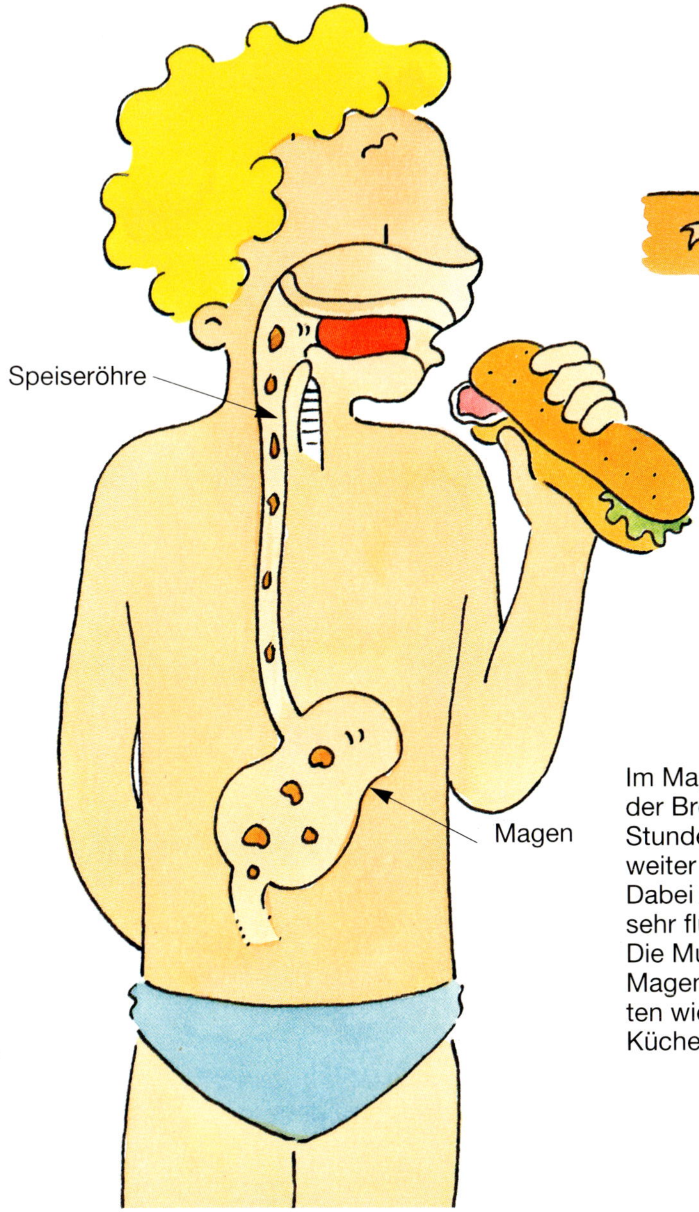

Die Zähne zerkleinern die Nahrung zu einem Brei. Dieser Brei gelangt dann durch die Speiseröhre in den Magen.

Im Magen wird der Brei einige Stunden lang weiter zerkleinert. Dabei wird er sehr flüssig. Die Muskeln des Magens arbeiten wie ein Küchenmixer.

## WARUM BEKOMMEN WIR HUNGER?

Der Magen ist ein großer dehnbarer Beutel. Wenn er mit Nahrung gefüllt ist, sind wir satt. Wenn er leer ist, haben wir Hunger.

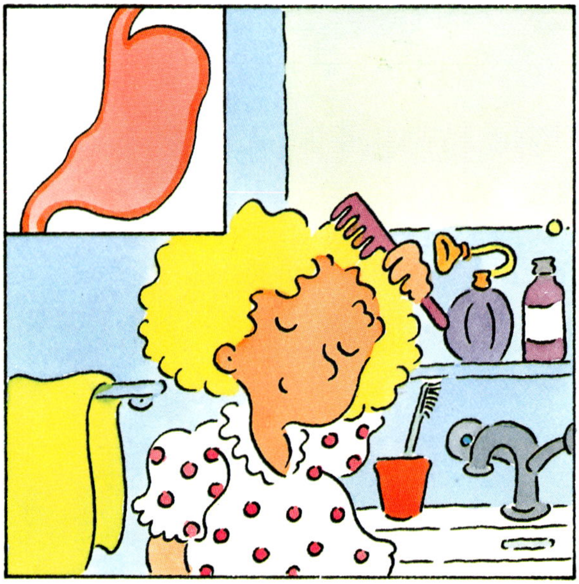

Morgens ist der Magen leer: Wir haben Hunger.

Ein gutes Frühstück ist sehr wichtig.

Den Vormittag über arbeitet der Magen und leert sich.

Wenn es Zeit für das Mittagessen ist, haben wir wieder Hunger.

## DER DARM

Im Magen werden die Nahrungsmittel zu einem flüssigen Brei verarbeitet. Danach gelangt dieser Brei in den Darm, wo er verdaut wird.

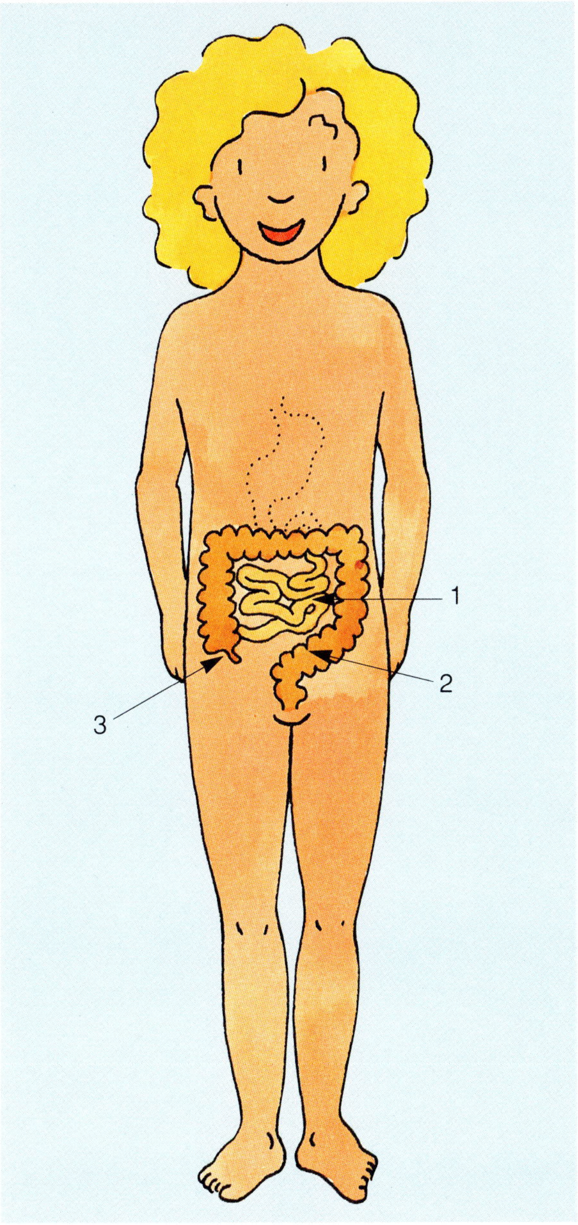


Der Darm besteht aus langen Röhren, die vom Magen bis zum Darmausgang, dem After, reichen.

1- Dünndarm 2- Dickdarm 3- Blinddarm

Wenn sich der Blinddarm entzündet, bekommen wir furchtbare Bauchschmerzen. Er muß dann durch eine Operation entfernt werden.

Im Dünndarm wird ausgewählt, was gut, und was nicht gut für unseren Körper ist. Das, was gut ist, wird durch die Darmwand vom Blut aufgenommen. Das, was nicht zu gebrauchen ist, wandert durch den Dickdarm und wird als Stuhlgang ausgeschieden.

## MAGENSCHMERZEN

Die Nahrung wird im Magen durch Säure zu einem Brei verkleinert, der dann in kleinen Mengen in den Darm gelangt.

Wenn man zuviel ißt, ist der Magen mit seiner Arbeit überfordert: Es wird uns schlecht und wir müssen uns übergeben.

Manche Nahrungsmittel sind für den Magen schwer zu verarbeiten. Als Zwischenmahlzeit ist Obst besser als Süßigkeiten.

# DER WEG DER NAHRUNG

Die letzten Seiten haben Dir schrittweise den Weg der Nahrung durch den Körper erklärt. Das Bild hier zeigt Dir alles nochmal im Überblick.

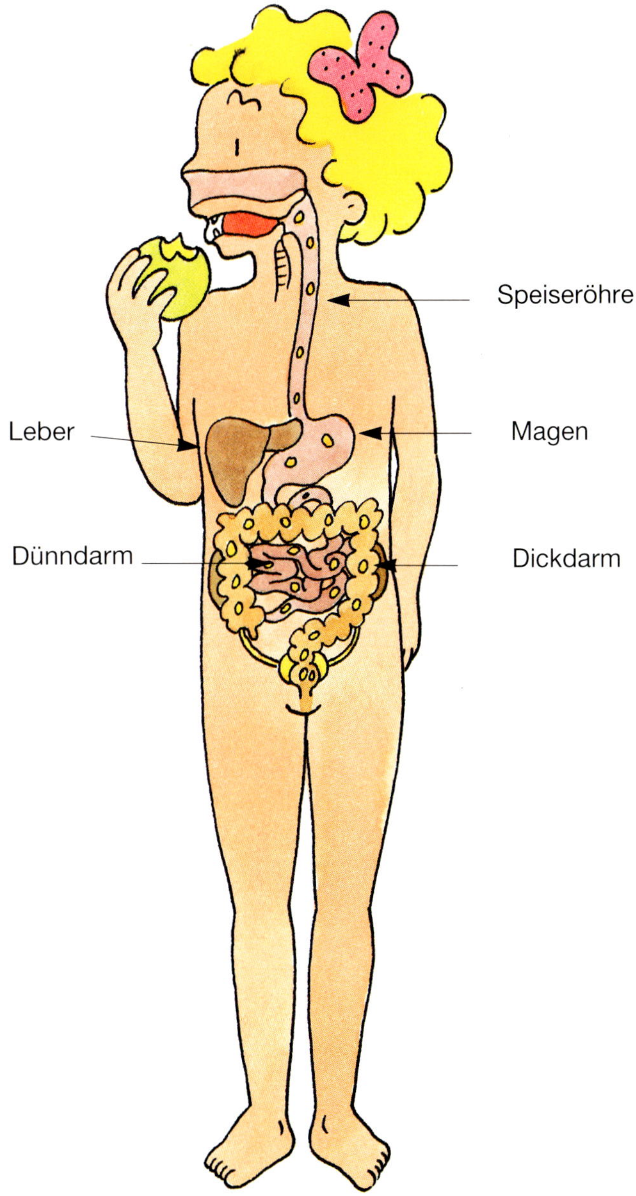


Was passiert mit der Nahrung im Mund?

Was macht der Magen, wenn er Nahrung auf-nimmt?

Die Leber: Das Blut, das im Dünndarm all das, was gut für den Körper ist, aufgenommen hat, fließt zur Leber. Die Leber ist eine kleine Fabrik, die die Nahrung in ganz kleine Teile zerlegt.

Die Leber produziert außerdem einen grünlichen Saft, der Galle heißt. Die Gallenflüssigkeit fördert die Verdauung.

# SCHLUCKEN UND VERSCHLUCKEN

Das Zäpfchen (1) und der Kehldeckel (2) verschließen beim Essen die Luftröhre und öffnen sie beim Atmen.

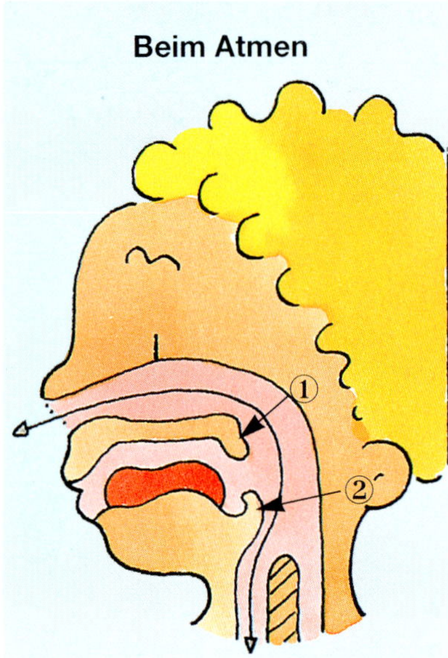


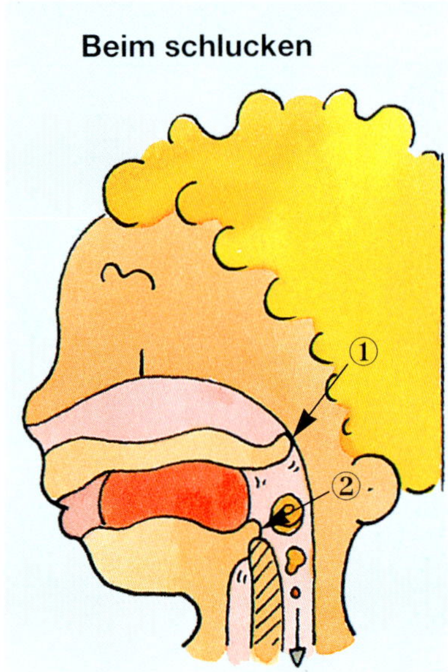


Das Zäpfchen ist weit hinten im Rachen.

Beachte, wie Zäpfchen und Kehldeckel liegen, je nachdem ob man atmet oder schluckt.

Wenn Du zu schnell ißt, kann es sein, daß Du Dich verschluckst und husten mußt: Zäpfchen und Kehldeckel hatten nicht genug Zeit, um die Luftröhre zu verschließen. Nahrung konnte hineinrutschen.

## RATESPIEL

Du hast jetzt die wichtigsten Organe kennengelernt.
Schau Dir die Bilder an: Kennst Du noch ihre Namen?

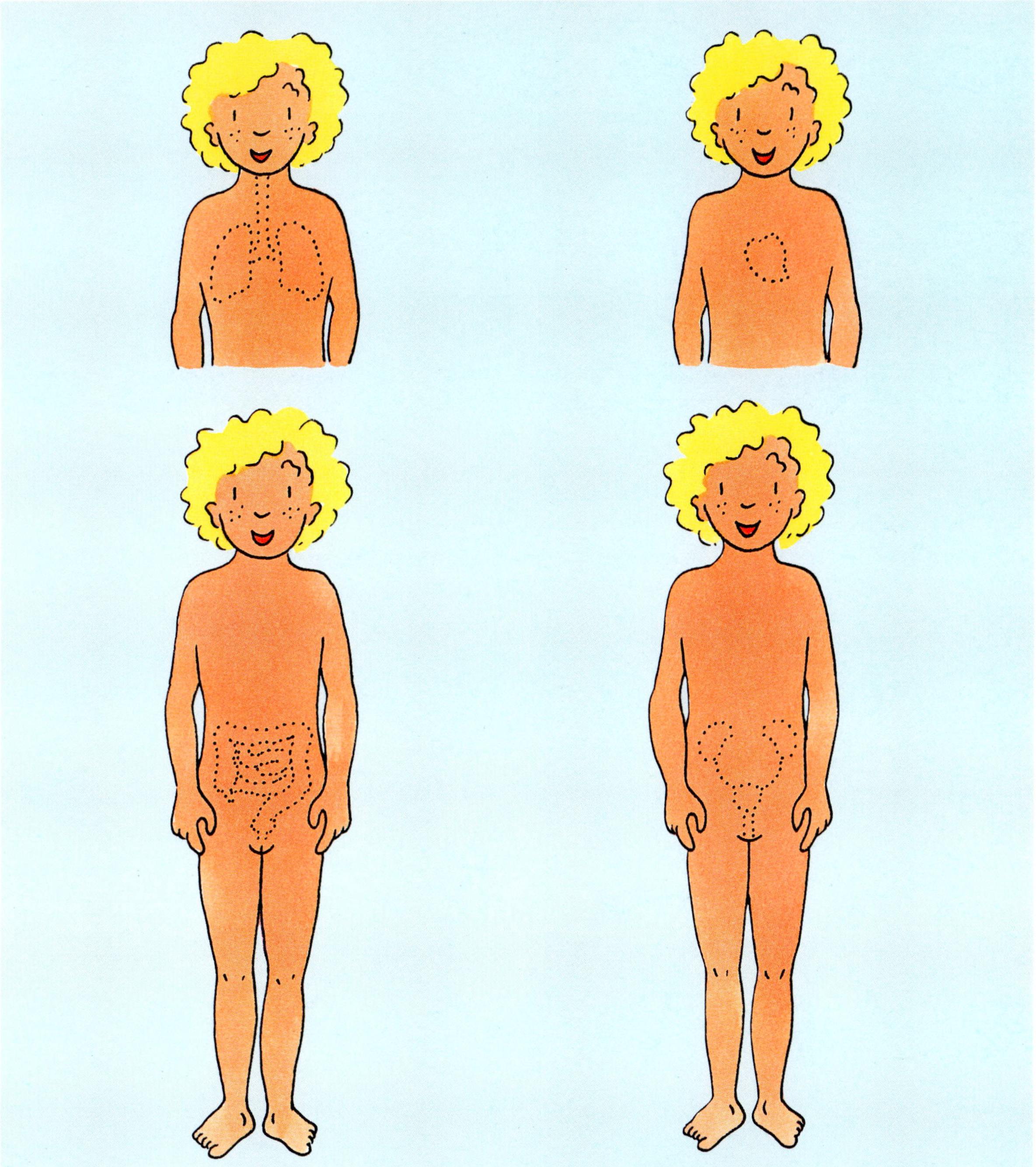

# DAS GEHIRN

Das Gehirn ist eine Schaltzentrale. Es arbeitet immer, selbst nachts. Das Gehirn kontrolliert alles, was wir machen.

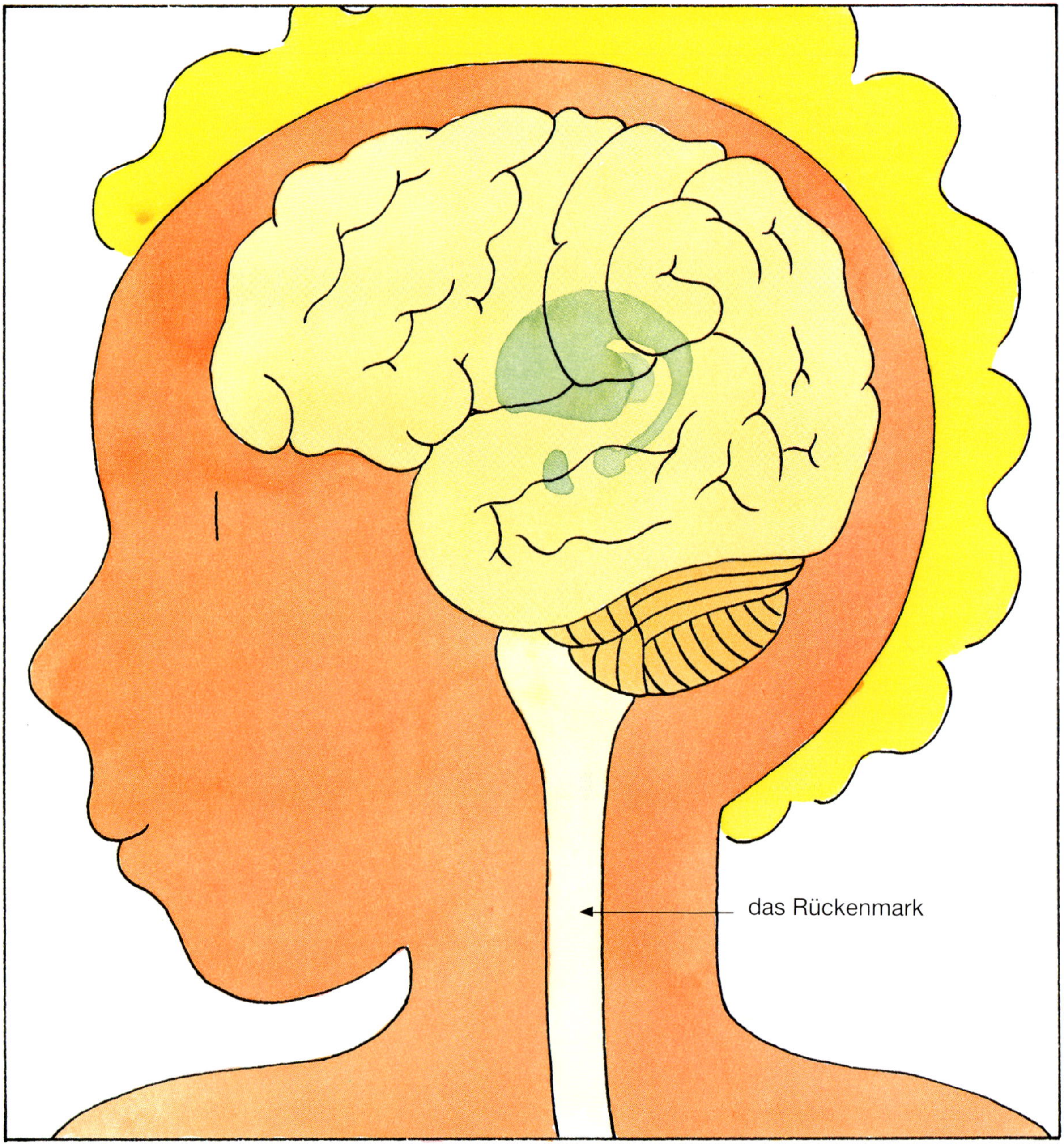


Das Gehirn füllt den Schädel ganz aus. Es ist durch das Rückenmark und die Nerven mit allen Teilen des Körpers verbunden.

## DIE NERVEN

Die Nerven sind wie winzige Telefonleitungen. Sie ziehen sich durch alle Teile des Körpers.

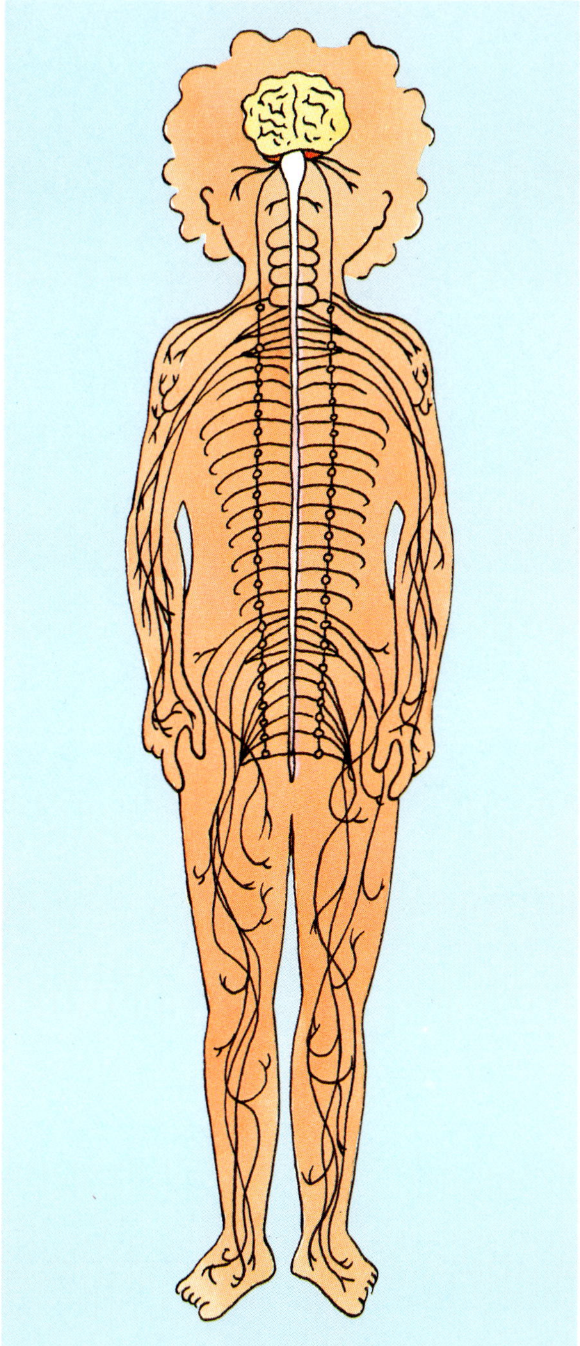

Das Gehirn steuert alle Bewegungen Deines Körpers.

Ein Beispiel: Das Telefon läutet. Signale werden von einem Nerv in Deinem Ohr zum Gehirn geleitet. Dein Gehirn schickt an Deine Beinmuskeln den Befehl, ans Telefon zu gehen. Danach erhalten Deine Arm- und Handmuskeln vom Gehirn den Auftrag, den Hörer abzunehmen.

# KRIBBELN IN ARMEN UND BEINEN

Manchmal werden durch bestimmte Körperhaltungen einzelne Nerven eingeklemmt. Diese können dann nicht mehr normal arbeiten.

Sind Nerven eingeklemmt, teilen sie uns das mit: Wir verspüren ein unangenehmes Kribbeln.

Eine kleine Massage oder Bewegung helfen. Auch beim Tragen einer schweren Tasche können sich die Nerven der Finger einklemmen.

# RECHTSHÄNDER - LINKSHÄNDER

Das Gehirn bestimmt, mit welcher Hand wir geschickter sind, besser schreiben, schneiden oder Tennis spielen.

Das Gehirn bestimmt auch, mit welchem Fuß wir den Ball besser treffen.

Die meisten Menschen bevorzugen ihre rechte Hand. Linkshänder sind seltener.

# DAS DENKEN

Ständig muß man nachdenken, sich entscheiden und für verschiedene Probleme Lösungen finden.

Dieses Kind steht vor einem Zaun. Was soll es tun? Umdrehen, darüberklettern, unten durchkriechen?

Es hat überlegt und sich für eine Lösung entschieden.

Das Gehirn gibt dem Körper die entsprechenden Befehle.

## SCHNELL HANDELN: REFLEXE

In bestimmten Situationen muß das Gehirn sehr schnell arbeiten. Dann gibt es Befehle, die wir reflexartig, nicht bewußt ausführen.

Wir sehen eine Gefahr kommen und weichen schnell aus.

Wir hören einen Knall und zucken zusammen.

Das Wasser ist eisig und wir schrecken zurück.

Wir spucken etwas Schlechtes aus, anstatt es zu schlucken.

## DAS GEDÄCHTNIS

Das Gehirn erhält ständig viele verschiedene Informationen. Manche vergißt es sofort, andere bleiben als Erinnerung lange im Gedächtnis.

Um Fahrrad zu fahren, muß man ganz bestimmte Bewegungen erlernen, die man nie vergißt, selbst wenn man es lange nicht macht.

Man erinnert sich an vieles: an ein Haus, in dem man gewohnt hat, an einen Unfall, der einem zugestoßen ist.

# DIE INTELLIGENZ

Dank unserer Intelligenz können wir nachdenken, verstehen, Antworten finden, Neues lernen und erfinden. Hier einige Aufgaben!

Versuche, die fehlenden Quadrate zu ergänzen.

Welcher Schlüssel paßt in das Schlüsselloch?

Bringe die Äpfel in die richtige Reihenfolge.

Warum ist dieser Baum umgestürzt?

## HAST DU EIN GUTES GEDÄCHTNIS?

Betrachte das Bild 20 Sekunden lang aufmerksam. Drehe die Seite um und versuche, Dich an alle roten Gegenstände zu erinnern.

Laß diesen Test einen Erwachsenen machen, der aber nur 10 Sekunden Zeit hat. Wer hat das bessere Gedächtnis?

# DIE SINNESORGANE

# DIE AUGEN

Die Augen sind wie Kameras oder Fotoapparate. Sie nehmen Bilder auf und schicken sie zum Gehirn.

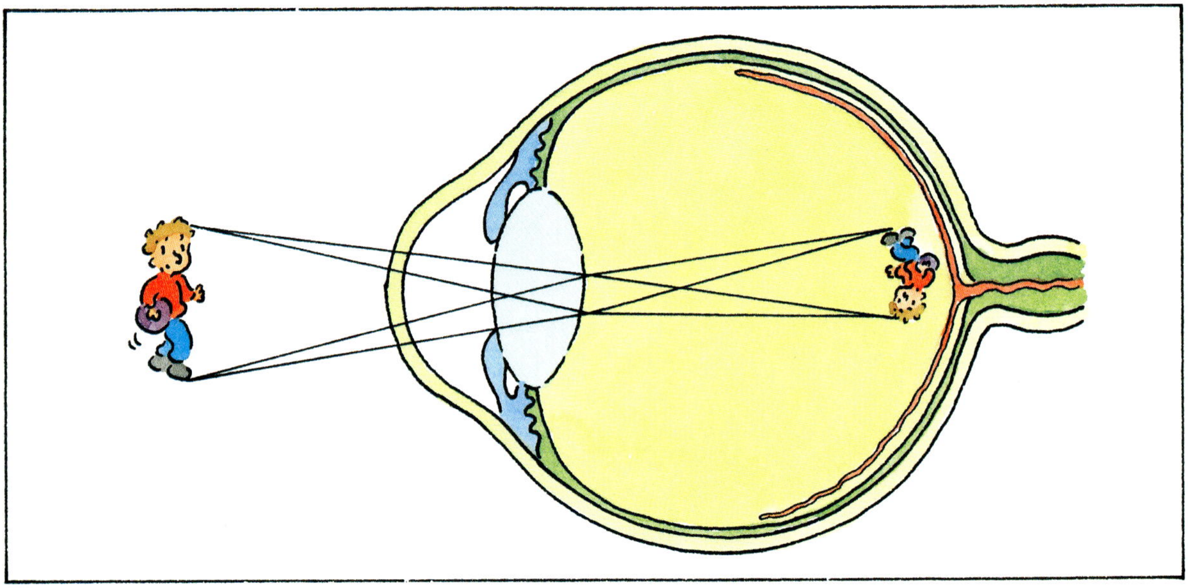

Licht dringt in das Auge ein und läßt das Gesehene auf der Rückseite des Auges erscheinen. Es steht auf dem Kopf und wird vom Gehirn umgedreht.

Licht dringt durch eine kleine Öffnung, die Pupille, ins Auge. Bei Sonnenlicht ist die Pupille nur wenig, im Dunkeln sehr weit geöffnet.

## WIMPERN, BRAUEN, LIDER

Die Augen sind zwar empfindlich, haben aber verschiedene wirkungsvolle Möglichkeiten, sich zu schützen.

Hitze trocknet die Augen aus, Tränen befeuchten sie.

Die Tränen spülen störende Sandkörner aus.

Bei Gefahr schließen sich die Augenlider.

Bei Regen halten Braue und Wimpern die Tropfen ab.

# WER BRAUCHT EINE BRILLE?

Manche Menschen sehen schlecht, sie nehmen ihre Umgebung nur unscharf wahr. Die Brille hilft, klare Bilder zu sehen.

Dieses Mädchen ist kurzsichtig. Sie kann nur Nahes scharf sehen. Mit der Brille erkennt sie auch das weit entfernte Straßenschild klar.

Diese Frau ist weitsichtig, sie sieht nur scharf, was weit entfernt ist. Ohne Brille kann sie die Zeitung nicht lesen.

## WOZU BRAUCHEN WIR ZWEI AUGEN?

Unsere zwei Augen verschaffen uns ein weites Sichtfeld. Hätten wir nur ein Auge, müßten wir ständig den Kopf drehen.

Hier ein Test: Schau gerade aus und strecke deine Arme nach hinten. Bis wohin kannst Du sie sehen? Und wenn Du ein Auge schließt?

Die Augen sind auch wichtig für das Gleichgewicht. Versuche auf einem Bein zu stehen. Schließe jetzt ein Auge. Es ist viel schwieriger.

# DIE OHREN

Das Ohr hat die Form einer Muschel. Wie in einem Trichter werden hier Geräusche gesammelt.

Die Hand hier vergrößert den Trichter, Du hörst besser.

Auch ohne zu sehen, weißt Du, woher ein Geräusch kommt.

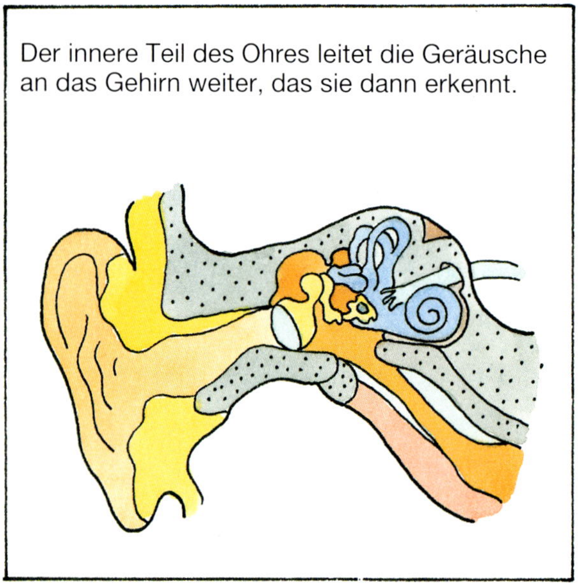


Der sichtbare Teil des Ohres heißt Ohrmuschel.

Lache niemals über ein Kind mit abstehenden Ohren!

# DAS TROMMELFELL

Das Trommelfell ist eine sehr feine Haut, so wie die Bespannung einer Trommel. Das Trommelfell vibriert, wenn ein Ton in das Ohr gelangt.

Um das Trommelfell zu schützen, produziert das Ohr eine Paste, die man Ohrenschmalz nennt. Er schützt das Ohr vor Staub.

Bei großen Höhenunterschieden drückt die Luft auf das Trommelfell. Man hört vorübergehend schlechter.

## ACHTUNG LÄRM!

Lärm kann auch gefährlich sein. Sehr laute Geräusche können das Innere des Ohres schädigen und taub machen.

Für manche Arbeiten ist es daher unbedingt nötig, Ohrenschützer zu tragen.

Höre Musik mit dem Kopfhörer nicht zu laut an!

Bleibe nicht zu nahe bei einem Schlagzeug stehen!

# DAS GLEICHGEWICHT

Das Innenohr hilft Dir, das Gleichgewicht zu halten. Es gibt entsprechende Informationen an das Gehirn weiter.

Droht man zu fallen, gibt das Gehirn an die notwendigen Muskeln Befehle. Bestimmte Bewegungen vermeiden den Sturz.

Im Auto oder auf dem Schiff wackelt es. Diese Bewegungen stören die Gleichgewichtszentrale im Ohr: Das kann zu Übelkeit führen.

# TAUB UND BLIND

Trotz ihrer Behinderung haben Taube und Blinde Möglichkeiten und Hilfsmittel, normal und selbständig zu leben.

Blinde ertasten mit einem Stock Hindernisse, um ihnen auszuweichen. Oder sie lassen sich von einem ausgebildeten Hund führen.

Es gibt eine Blindenschrift, die mit den Fingern ertastet wird.

Taube unterhalten sich in einer Gebärdensprache.

## DIE HAUT

Die Haut ist eine feste und elastische Hülle, die unseren Körper umschließt. In der Hautoberfläche befinden sich kleine Löcher, die Poren.

Wenn man älter wird, verändert sich die Haut. Sie wird faltig.

Die Haut ist elastisch. Sie dehnt sich, wenn der Bauch dick wird.

Die Haut enthält Pigmente, die ihr die Farbe geben. Je mehr Pigmente da sind, desto dunkler ist die Haut. Hat sie nur wenige, so ist sie hell.

# SOMMERSPROSSEN UND LEBERFLECKEN

Die Haut mancher hellhäutiger Menschen hat an einigen Stellen zusätzliche Pigmente: braune Sommersprossen oder Leberflecken.

Sommersprossen treten nur im Sonnenlicht hervor.

Leberflecken hat man sein Leben lang, sie verschwinden nicht.

Innerhalb jeder Hautfarbe gibt es die verschiedensten Hauttöne und Abstufungen. Hellere Haut ist empfindlicher als dunkle.

## VORSICHT, WENN DIE SONNE SCHEINT!

Um sich vor den Sonnenstrahlen zu schützen, produziert die Haut zusätzliche Pigmente. So wird die Haut dunkler, wir bräunen.

Wenn man zu lange in der Sonne bleibt, verbrennt die Haut. Sie stirbt dann ab und schält sich. Nach einiger Zeit erscheint eine neue Haut.

Es ist heiß. Unser Körper wird immer wärmer, wir schwitzen.

Der Schweiß strömt aus den Poren und kühlt den Körper.

## GÄNSEHAUT

Wenn es sehr kalt ist, friert man. Die Haut rötet sich und die Härchen am ganzen Körper stellen sich auf: Man hat eine Gänsehaut.

Die Härchen verschließen die Poren, damit die Kälte nicht eindringt. Die Muskeln zittern und erwärmen dadurch den Körper.

Manchmal bekommen wir Gänsehaut auch vor Angst. Ist der Schreck vorüber, öffnen sich die Poren wieder und wir schwitzen.

## NACH DEM BADEN

Die Haut an unseren Handflächen und Fußsohlen ist besonders dick. Wenn wir lange im Wasser bleiben, wird diese Haut ganz runzelig.

Beim Baden saugt die Haut das Wasser wie ein Schwamm auf.

So wird sie ganz weich, und es bilden sich Falten.

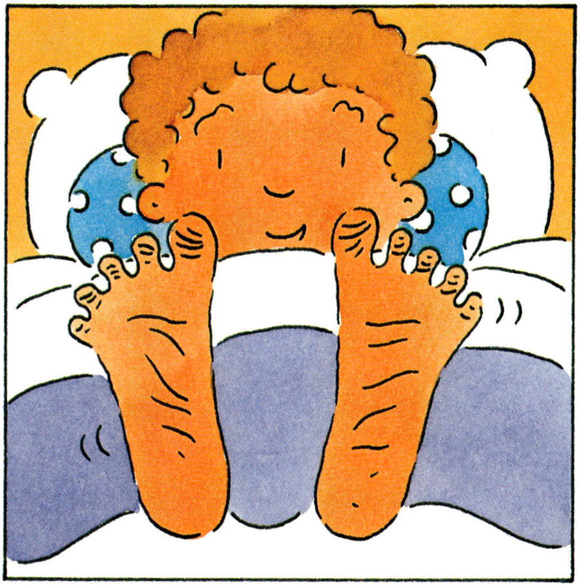

Auch die Nägel sind weich geworden. Müssen sie geschnitten werden, sollte man es gleich nach dem Baden tun, dann ist es am einfachsten.

# NÄGEL UND HAUTRILLEN

An den Finger- und Zehenspitzen ist die Haut durch Nägel geschützt und von feinen Linien, den Hautrillen, durchzogen.

Hautrillen an Händen und Füßen helfen uns dabei, Dinge festzuhalten oder geben uns zusätzlichen Halt. Ohne sie würde alles wegrutschen.

Das Muster der Hautrillen am Finger ergibt den Fingerabdruck.

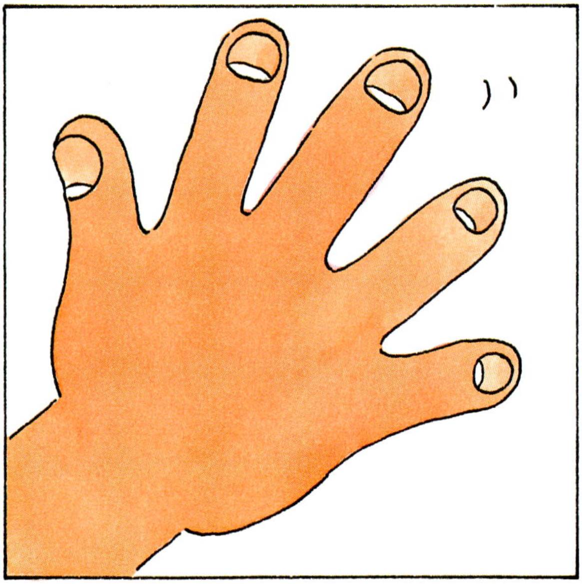

Die Nägel von Kindern wachsen schneller als die von Erwachsenen.

## DIE KÖRPERHAARE

Man nimmt an, daß die ersten Menschen am ganzen Körper mit Haaren bedeckt waren, um so vor der Kälte geschützt zu sein.

Auch unser Körper ist mit Härchen bedeckt, nur nicht an Lippen, Handflächen und Fußsohlen. Erwachsene sind stärker behaart als Kinder.

Tiere haben viel längere und dichtere Haare als wir.

Männer haben mehr Körperhaare als Frauen.

## KOPFHAARE

Die Kopfhaare, wir haben mehr als 80 000 davon, sind wie eine Art Mütze oder Regenschirm. Sie schützen den Kopf vor Kälte und Sonne.

Blond, braun, schwarz oder rot - die Haarfarbe hängt davon ab, wieviele Pigmente der Körper produziert.

## DIE HAUT KANN FÜHLEN

Wenn wir einen Gegenstand berühren, schickt die Haut Informationen an das Gehirn. Dadurch wissen wir, was für ein Material wir anfassen.

Die empfindlichsten Hautstellen sind an den Lippen, den Händen und den Füßen.

Nur an bestimmten Körperstellen sind wir kitzlig. Wenn wir dort berührt werden, müssen wir lachen. Wo bist Du kitzlig?

## ERKENNEN, WAS MAN BERÜHRT

Durch die Haut können wir sagen, ob wir etwas Kaltes, Warmes, Trockenes oder Feuchtes anfassen.

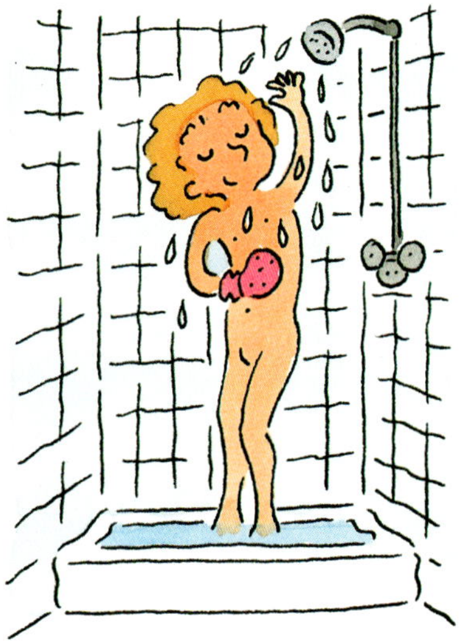

Auch ob etwas angenehm, schmerzhaft, hart oder weich ist, fühlen wir auf unserer Haut.

Manchmal täuscht sich die Haut. Lege Deine Hand sekundenlang auf Eis. Tauche sie dann in kaltes Wasser: Es erscheint Dir jetzt warm!

## DIE ZUNGE

Die Zunge ist in verschiedene Geschmacksbereiche eingeteilt. Nur in der Mitte befinden sich keine Geschmacksnerven.

Hinten erkennt die Zunge Scharfes und Bitteres, wie z. B. den Geschmack von Zwiebeln.

Die Zunge fühlt auch Wärme, Kälte und Schmerz (wenn Du Dich z. B. beißt).

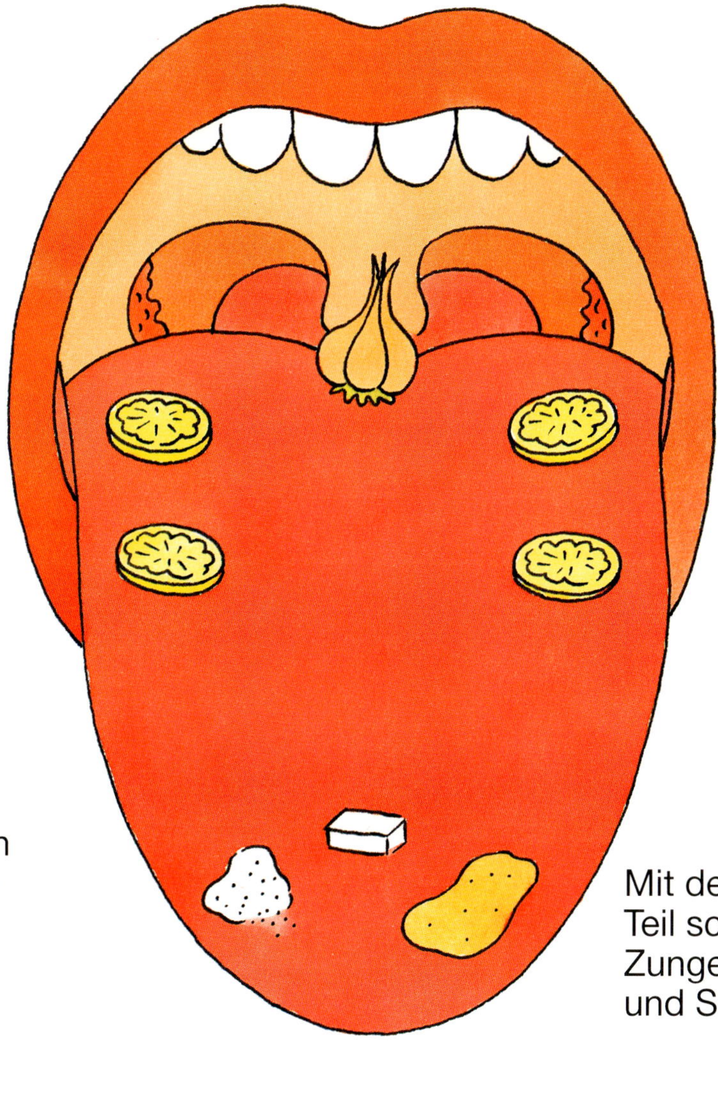

An den Seiten schmeckt sie Saures, wie z. B. Zitronen.

Mit dem vorderen Teil schmeckt die Zunge Süßes und Salziges.

Wenn man sich die Zunge beim Essen oder Trinken verbrennt, kann man für einige Tage gar nichts mehr schmecken.

# DER SPEICHEL

Die Zunge muß immer mit Speichel befeuchtet sein, damit wir den Geschmack von Speisen gut wahrnehmen können.

Mache dazu folgenden Test: Trockne Deine Zunge ab und lecke dann an Zucker. Merkst Du, daß zum Schmecken Speichel nötig ist?

Wenn man große Lust aufs Essen hat, ist mehr Speichel im Mund.

Mit der Zungenunterseite kann man nichts schmecken.

## DIE NASE

Mit unserer Nase nehmen wir Gerüche wahr. Die Nase ist mit den Ohren und den Augen durch kleine Schläuche verbunden.

Alle Nasen sind unterschiedlich geformt. Das gibt jedem Gesicht ein eigenes, besonderes Aussehen.

## WARUM LÄUFT DIE NASE?

Bei Erkältungen trocknet die Schleimhaut in der Nase aus. Deshalb produziert die Nase mehr Flüssigkeit, die dann aus den Nasenlöchern läuft.

Vor allem im Winter läuft unsere Nase oft.

Nasentropfen helfen, die Flüssigkeit zu bremsen.

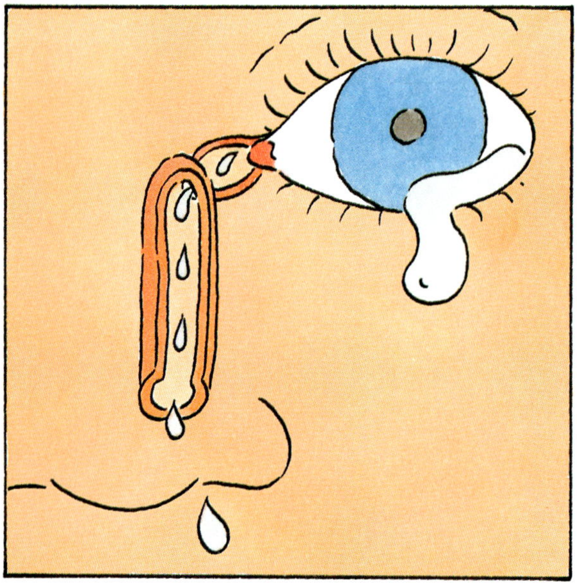

Ein kleiner Schlauch verbindet Augen und Nase. Deshalb läuft oft auch Flüssigkeit aus der Nase, wenn wir weinen.

# GERÜCHE ERKENNEN

Es ist wichtig, Gerüche zu erkennen. Wenn man z. B. Gas riecht, ist man gewarnt. Wenn ein Fisch schlecht riecht, essen wir ihn nicht.

Auch mit verbundenen Augen erkennen wir Gerüche.

Wenn man erkältet ist, riecht man schlecht oder gar nichts.

Von sehr starken Gerüchen kann es uns übel werden.

Um Parfüm herzustellen, braucht man eine sehr feine Nase.

## RICHTIG ODER FALSCH?

Du hast bis jetzt schon vieles über den Körper und die Sinne erfahren. Kannst Du sagen welche Sätze richtig und welche falsch sind?

1. Die Kniescheibe ist ein Knochen.
2. Wir behalten unsere Milchzähne bis zum 20. Lebensjahr.
3. Dank unserer Ohren können wir das Gleichgewicht halten.
4. Wenn wir zu lange im Wasser bleiben, bekommen wir Flecken auf der Haut.
5. Das Gehirn hilft beim Verdauen.

# GEBURT UND HERANWACHSEN

## KINDERWUNSCH

Karins Eltern lieben sich sehr und sie wünschen sich ein Geschwisterchen für Karin.

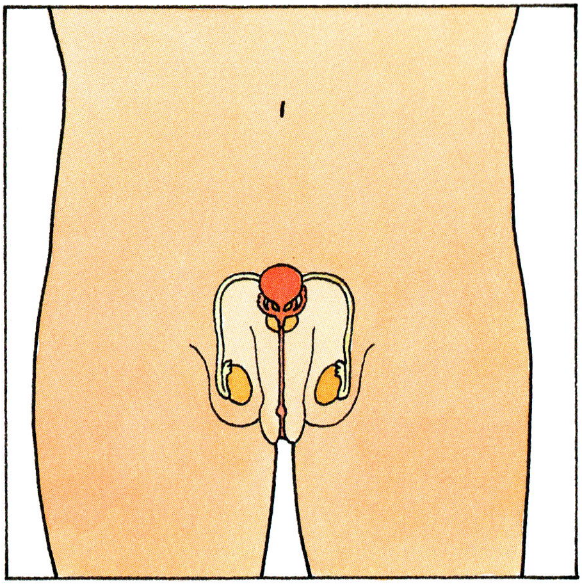

Um ein Baby zu machen, sind sie sehr zärtlich zueinander, und Papa führt seinen Penis in Mamas Scheide ein.

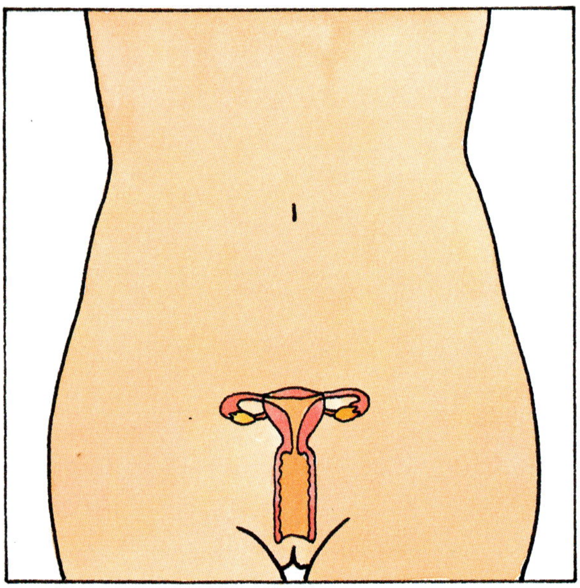

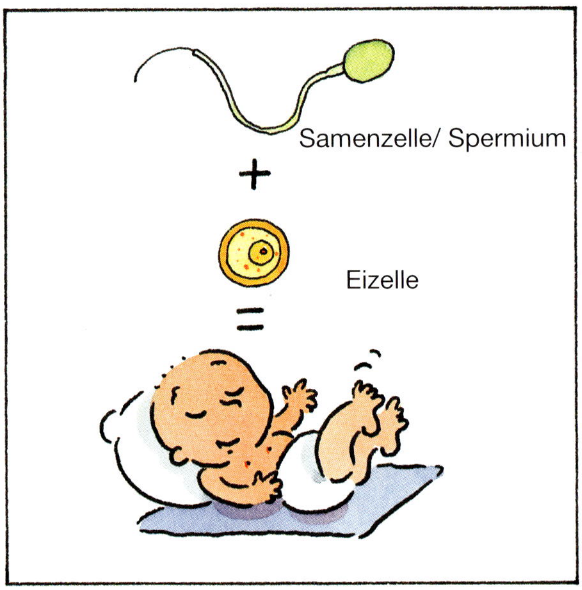


Dabei fließt aus Papas Penis der Samen, der aus Samenzellen (Spermien) besteht. Mama hat in ihrem Bauch Eizellen.

# DER BEGINN DES LEBENS

Damit ein Baby entstehen kann, müssen Papas Samenzelle und Mamas Eizelle aufeinandertreffen und miteinander verschmelzen.

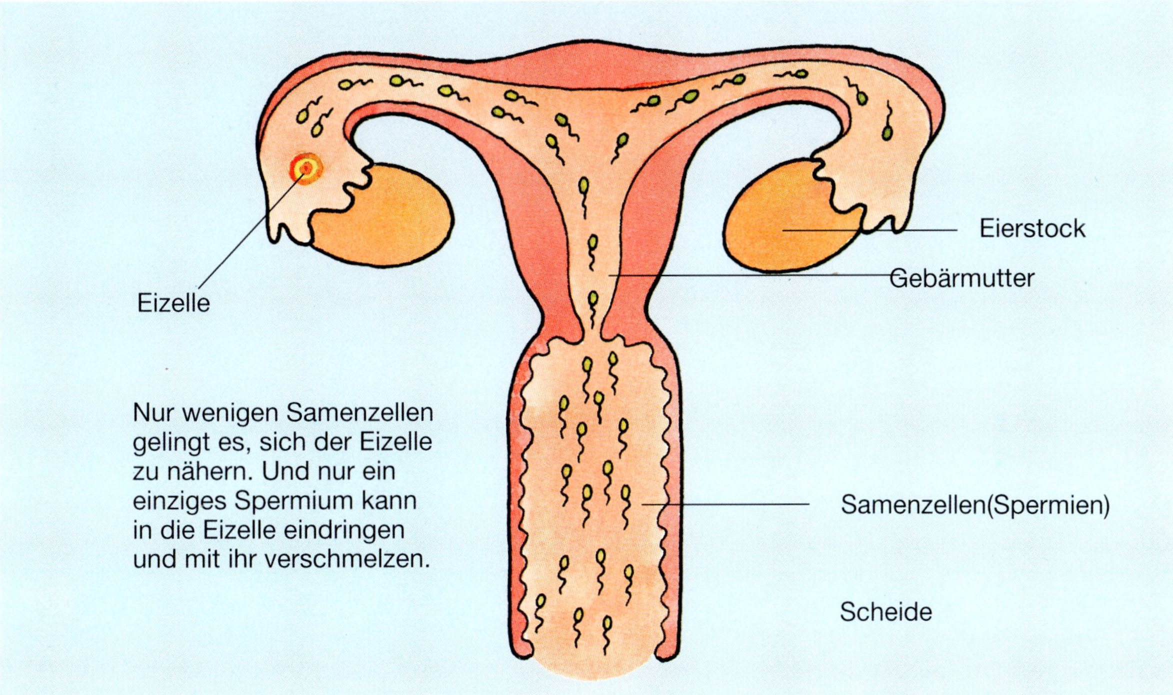


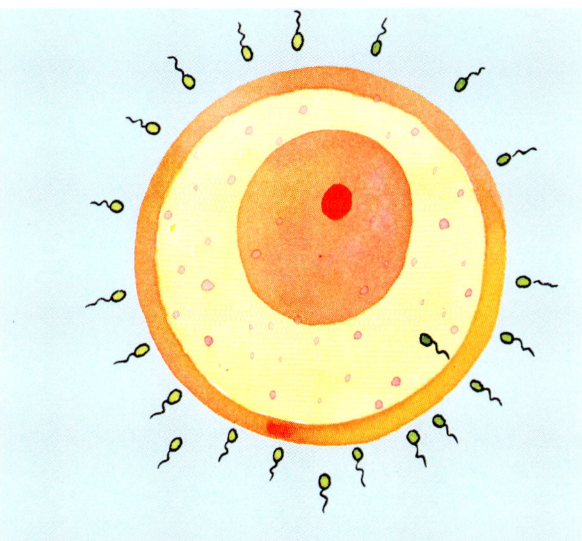

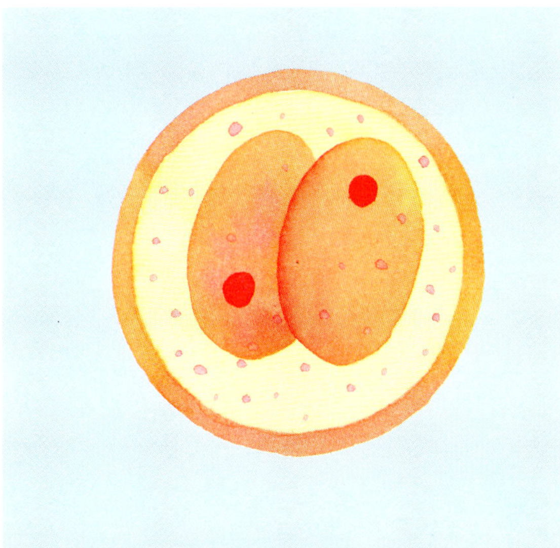

Wenige Stunden nach dieser Befruchtung beginnt die Eizelle sich zu teilen. Die Samenzellen, die nicht eindringen konnten, sterben ab.

# EIN NEST FÜR DAS EI: DIE GEBÄRMUTTER

Aus der befruchteten Eizelle ist ein Keim geworden. Das neue Leben beginnt. Aber Mama merkt noch nicht gleich, daß sie schwanger ist.

Der Keim teilt sich weiter; erst vier-, dann achtmal.

Nach einigen Tagen haben sich hunderte Zellen gebildet.

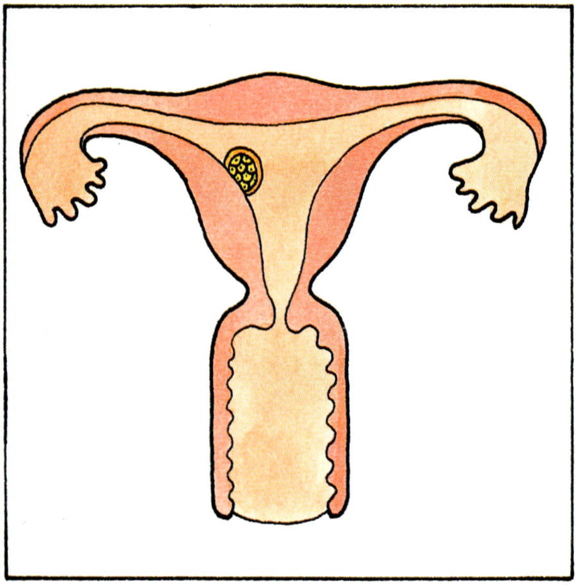

Die Frucht nistet sich in der Gebärmutter ein, wo sie weiter wächst.

Mama hat beim Arzt einen Test gemacht und freut sich sehr!

## DIE ERSTEN MONATE

Dies sind sehr wichtige Monate, denn der kleine Keim verändert sich, um ein winziges Baby zu werden.

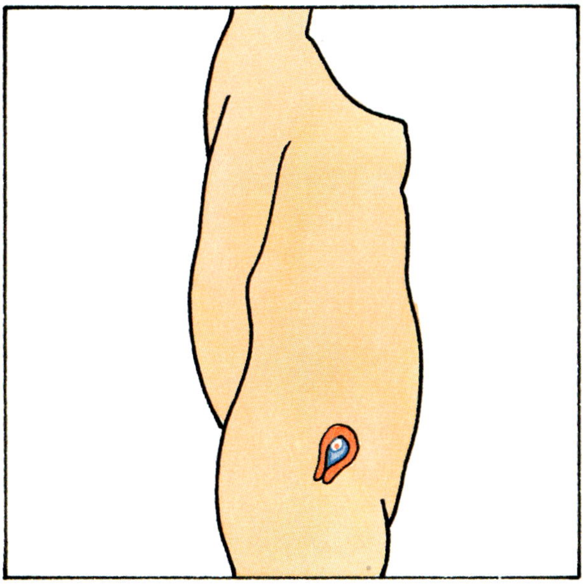

Am Ende des 1. Monats beginnt das Herz zu schlagen.

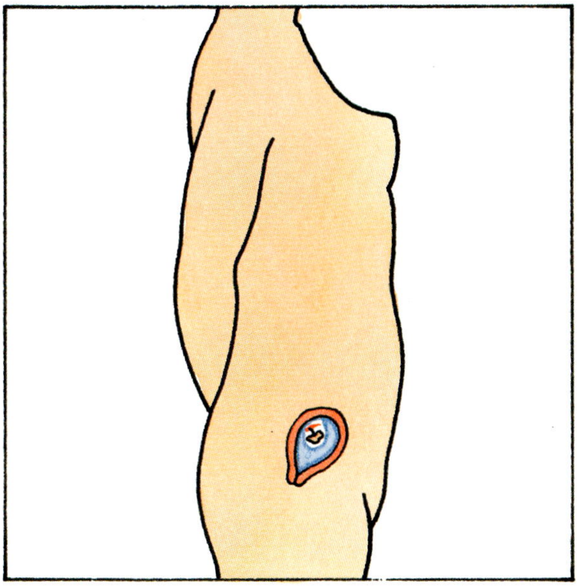

Am Ende des 2. Monats ist es nur 4 cm groß...

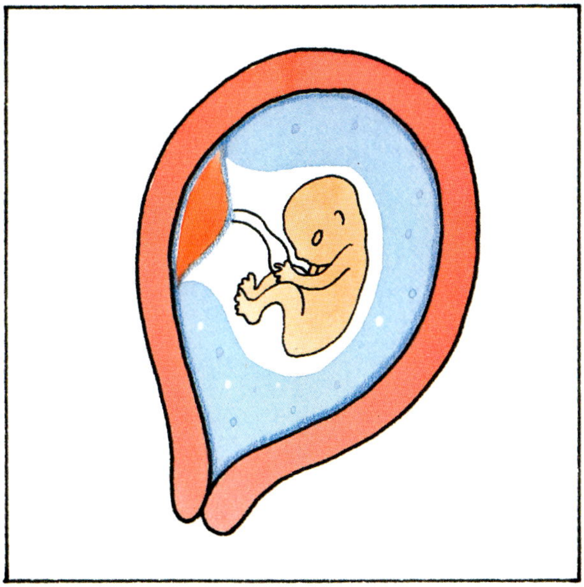

... und doch sind die wichtigen Körperteile ausgebildet.

Mama ist öfter müde, und es ist ihr manchmal schlecht.

## DER 3. UND 4. MONAT

Alle Organe sind nun vorhanden. Das Baby schwimmt im Fruchtwasser der Fruchtblase und ist so gegen Stöße und Verletzungen geschützt.

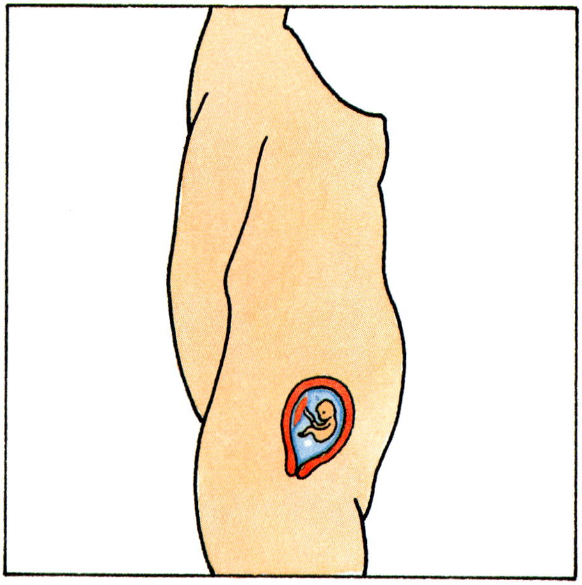

Im 3. Monat werden Finger und Zehen gebildet.

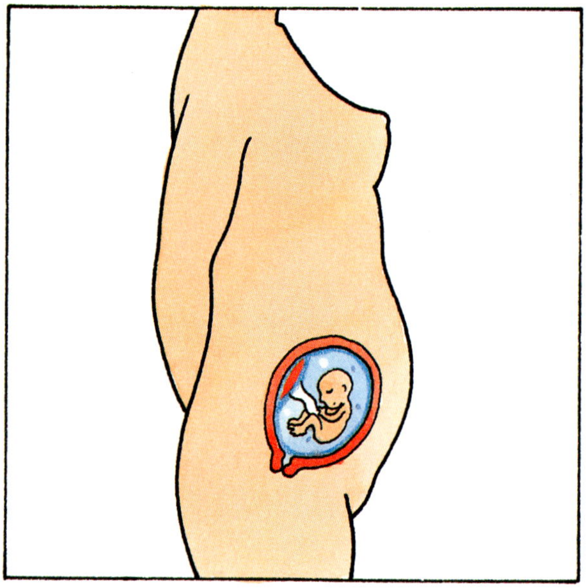

Ab dem 4. Monat spürt die Mutter seine Bewegungen.

Während der Schwangerschaft nimmt Mama ständig zu. Sie geht regelmäßig zum Arzt, der kontrolliert, ob Mutter und Kind gesund sind.

## DER 6. UND 7. MONAT

Das Baby wächst und wächst. Es kann sogar schon Daumen lutschen. Es strampelt und tritt dabei von innen gegen Mamas Bauch.

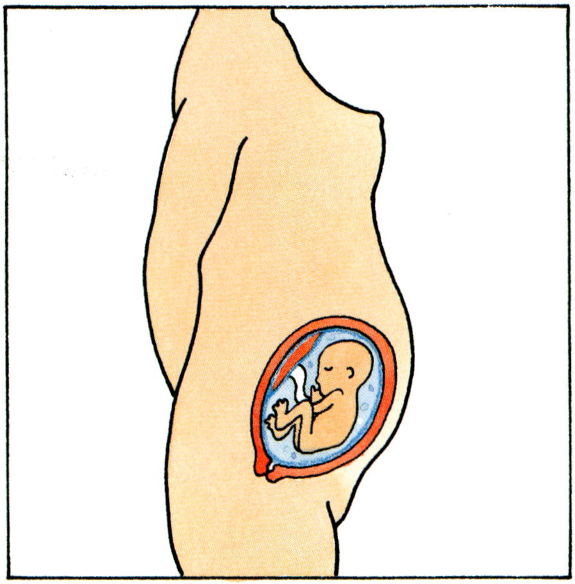

Im 6. Monat ist es mehr als 30 cm groß. Es hält die Arme gekreuzt.

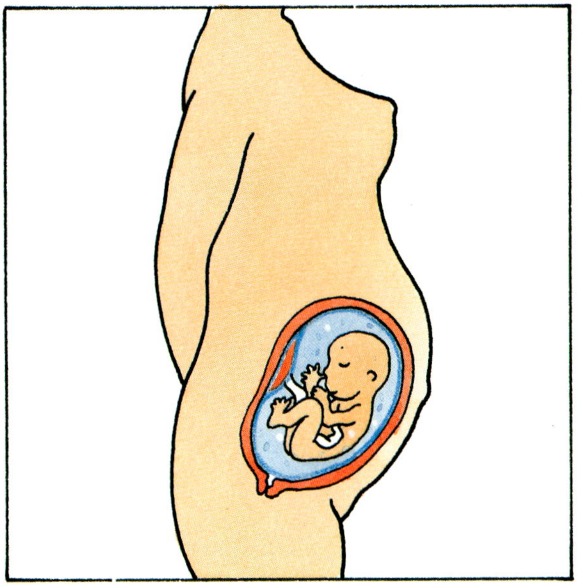

Ab dem 7. Monat kann das Baby schon Mamas Stimme hören.

Mamas Bauch ist runder geworden. Es ist nun an der Zeit, die Ankunft des Babys vorzubereiten. Karin wählt ein Strampelhöschen aus!

## DIE LETZTEN MONATE

Das ungeborene Kind braucht immer mehr Platz im Bauch der Mutter. In den letzten Wochen wird es dort eng.

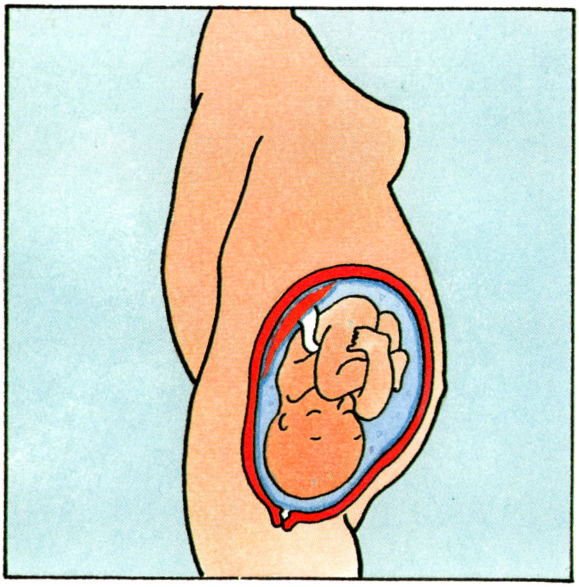

Im 8. Monat dreht sich das Baby so, daß der Kopf nach unten liegt.

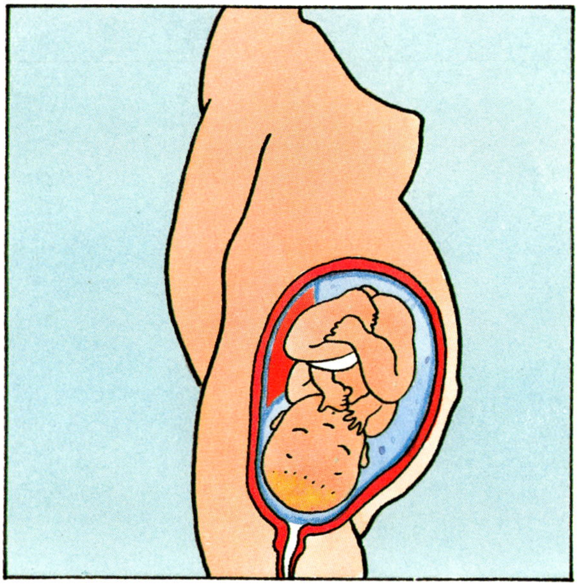

Am Ende des 9. Monats ist es ausgereift und bereit für die Geburt.

Mamas Bauch ist riesig geworden. Das Baby ist jetzt so groß, daß es selbständig leben kann. Alle sind sehr gespannt, wann es soweit ist!

## DER GROßE TAG: DIE GEBURT

Die Geburt des Babys kündigt sich durch ein immer stärker werdendes Ziehen in Mamas Bauch an. Jetzt geht sie eilig ins Krankenhaus.

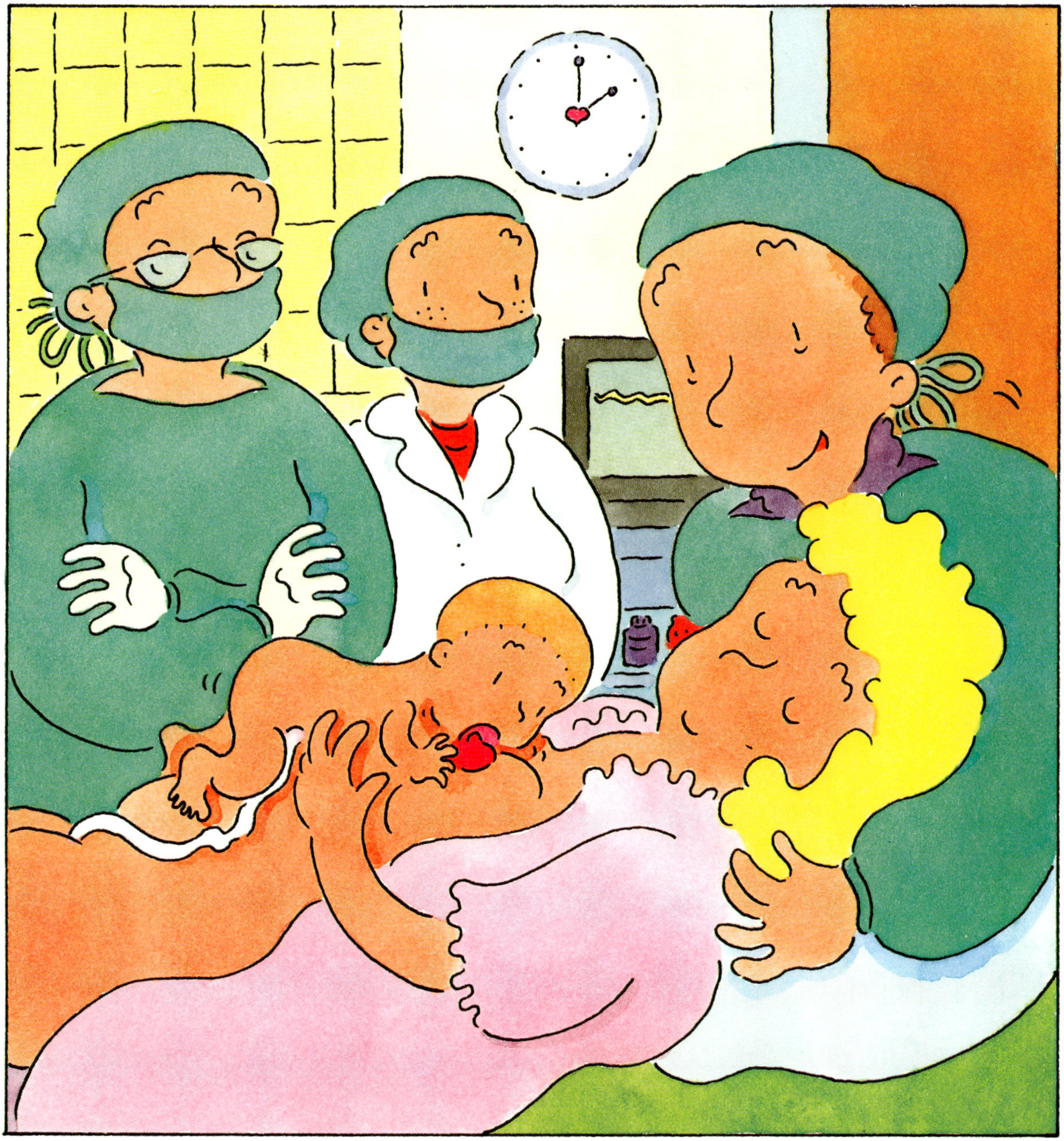

Das Baby hat Mamas Bauch durch die Scheide verlassen und beginnt gleich, nach ihrer Brust zu suchen. Alle sind erschöpft und glücklich!

## DIE NABELSCHNUR

Das Baby war während der 9 Monate in Mamas Bauch durch die Nabelschnur mit ihr verbunden und wurde so mit Nahrung versorgt.

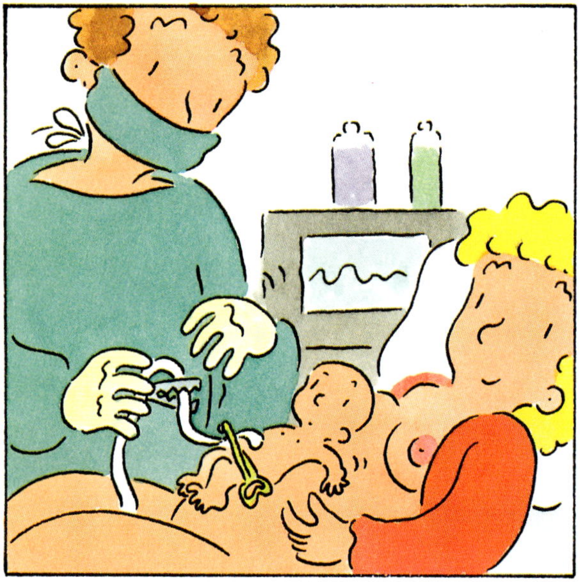

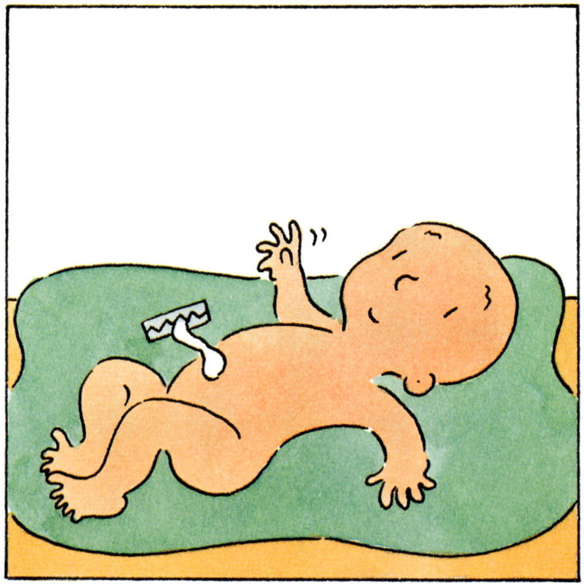

Nach der Geburt ist die Nabelschnur nicht mehr nötig und wird durchgeschnitten: Das Baby wird ab jetzt über den Mund ernährt.

Zurück bleibt ein Bauchnabel, den wir unser ganzes Leben behalten.

Die kleinen Falten des Nabels muß man regelmäßig saubermachen.

# DIE ERSTEN LEBENSMINUTEN

Wenn das Baby seinen ersten Schrei ausgestossen hat und abgenabelt ist, wird es vorsichtig gesäubert und untersucht.

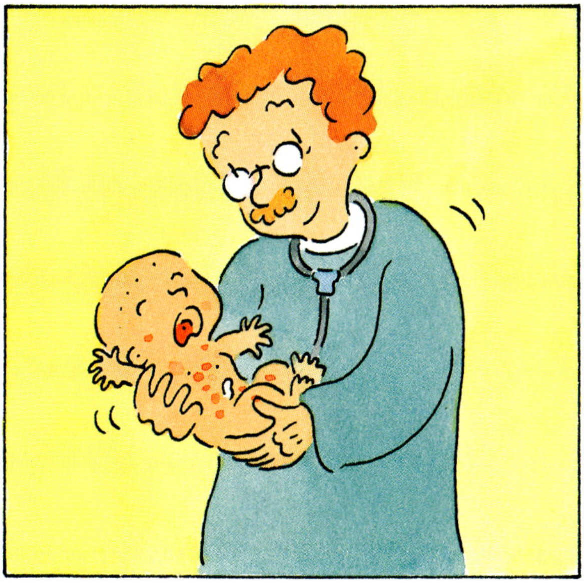

Die Lunge hat sich mit Luft gefüllt, das Baby atmet jetzt selbst.

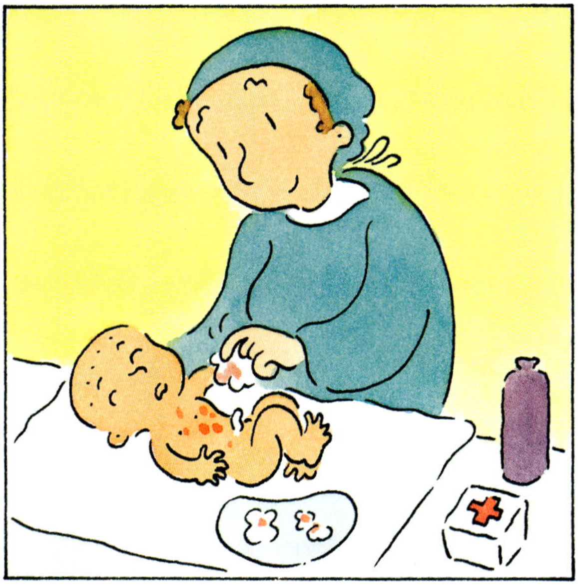

Das Baby wird saubergemacht, gemessen und gewogen.

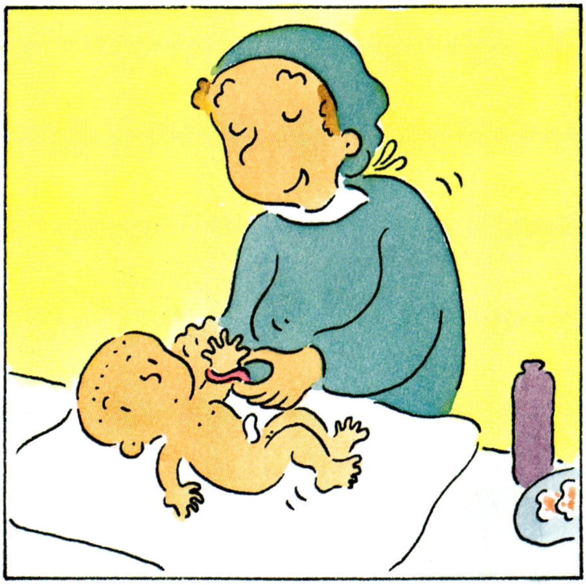

Damit es nicht verwechselt wird, erhält es ein Namensschild.

Danach darf Mama es wieder in den Arm nehmen und stillen.

## ZWILLINGE

Manchmal wachsen im Bauch einer Frau zwei Babys gleichzeitig, das sind dann Zwillinge. Sie werden kurz nacheinander geboren.

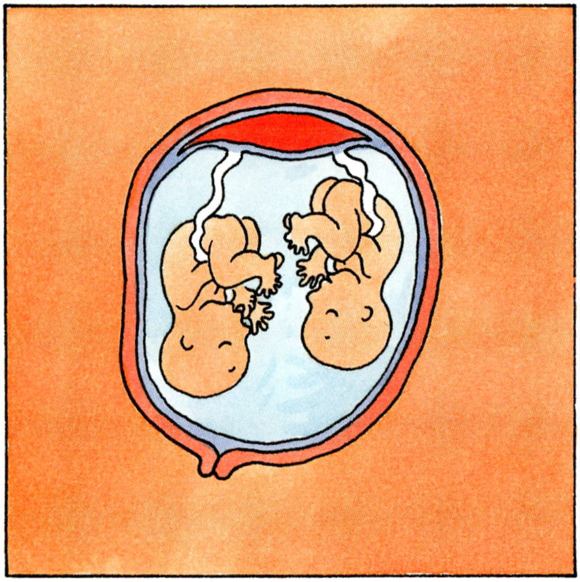

Die befruchtete Eizelle hat sich in zwei Zellen geteilt. Zwei sehr ähnliche Babys wachsen in einer Fruchtblase: Das sind eineiige Zwillinge.

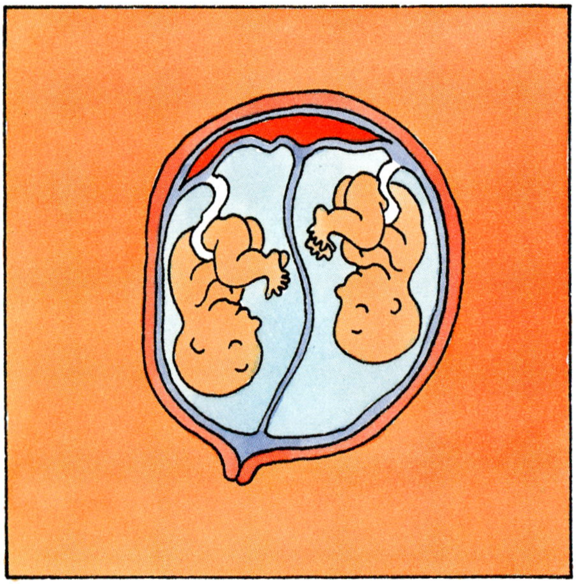

Zwei Eizellen sind gleichzeitig befruchtet worden, es entstehen zwei weniger ähnliche Babys in zwei Fruchtblasen: zweieiige Zwillinge.

# DIE BABYPFLEGE

Bestimmte Körperteile des Babys sind sehr empfindlich. Daher muß man bei seiner Körperpflege sehr vorsichtig sein.

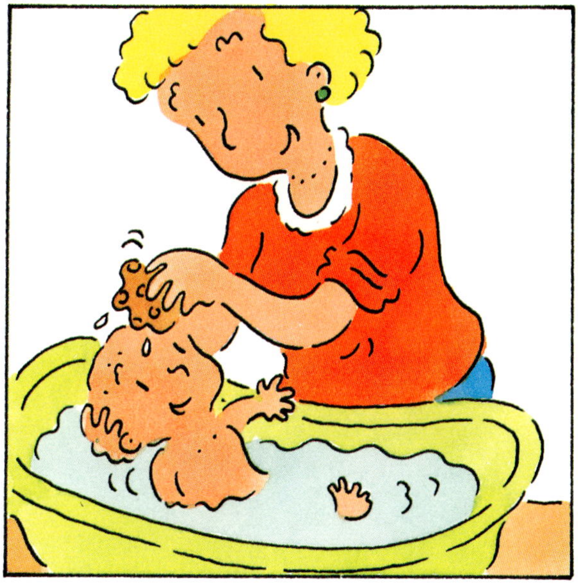

Der Kopf ist noch weich, die Knochen wachsen erst zusammen.

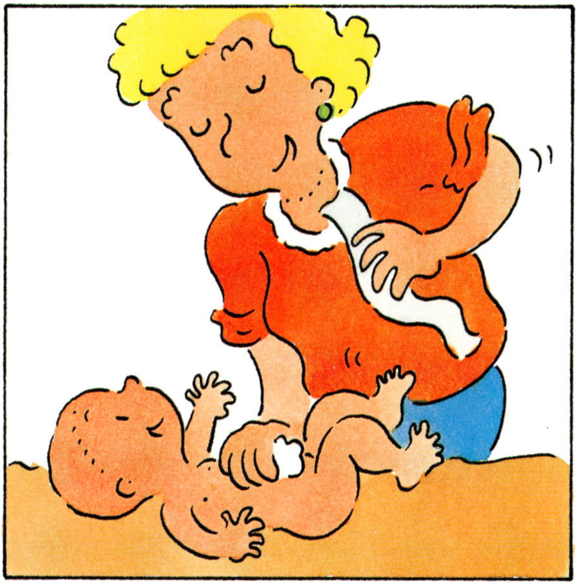

Im Bauchnabel kann sich Dreck sammeln, der sich entzündet.

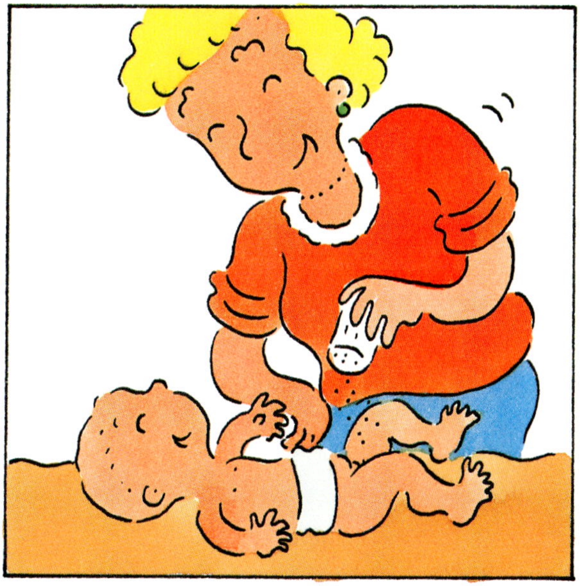

Gegen Entzündungen hilft oft etwas Babypuder.

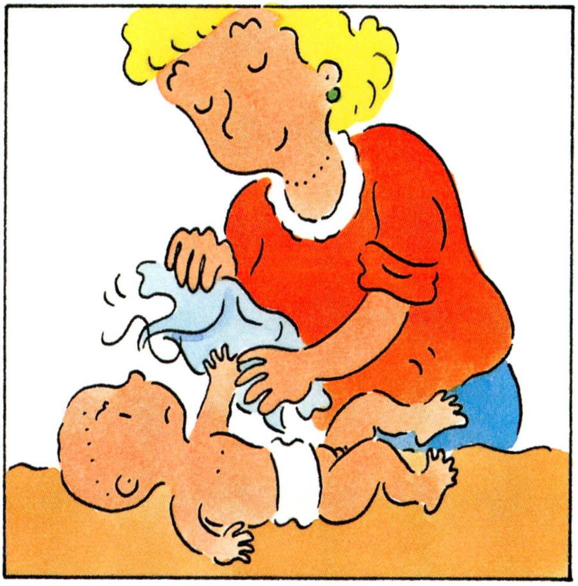

Das Baby ist sauber, es wird nun angezogen.

## DAS BABY SCHREIT

Ein Baby kann nicht sprechen. Um auf sich aufmerksam zu machen, schreit es. Obwohl es weint, hat es noch keine Tränen.

Tags oder nachts: Wenn das Baby hungrig ist, schreit es.

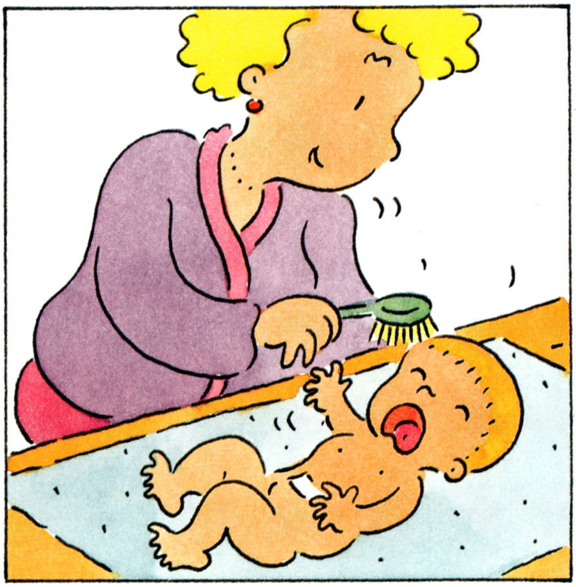

Es schreit auch, wenn ihm zu warm oder zu kalt ist.

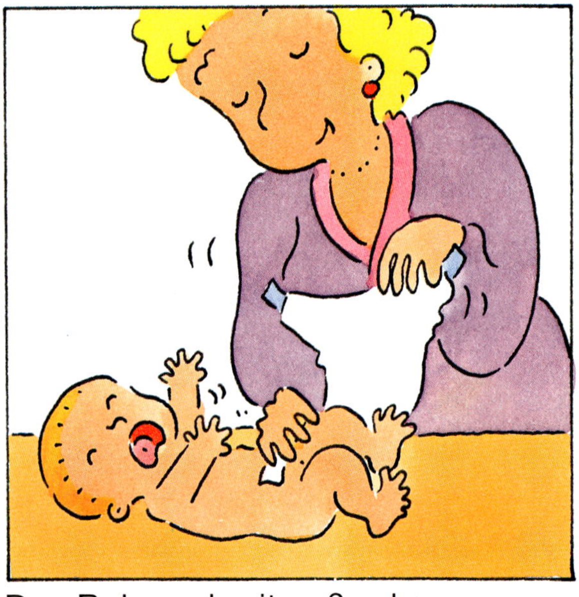

Das Baby schreit außerdem, wenn es müde oder einsam ist, wenn die Windel voll ist und es sich unwohl fühlt, oder wenn es krank ist.

# DAS BABY WÄCHST

Während der ersten Monate wächst das Baby schnell und nimmt viel zu. Es interessiert sich immer mehr für das, was um es herum passiert.

Mit ungefähr 2 Monaten beginnt das Baby zu lächeln.

Ab dem 4. Monat kann es lernen, vom Löffel zu essen.

Mit 6 Monaten sitzt es und greift nach seinen Spielsachen.

Die ersten Zähne kommen. Man nennt sie Milchzähne.

# LAUFEN LERNEN

Die meisten Tiere fangen sofort nach der Geburt an zu laufen. Ein menschliches Baby lernt das erst mit etwa einem Jahr.

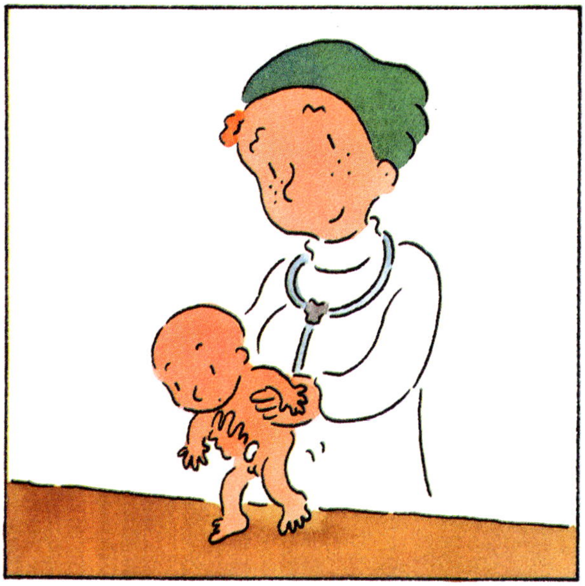

Nach der Geburt kontrolliert man, ob der Gehreflex vorhanden ist.

Mit etwa 8 Monaten krabbelt das Baby auf allen vieren voran.

Mit ca. 1 Jahr kann es ganz allein aufstehen und ohne Hilfe gehen - die Schritte sind zuerst noch unsicher, und das Baby fällt oft hin.

## KINDHEIT

Ein Kind lernt immer kompliziertere Dinge - erst lernt es von den Eltern und Geschwistern, später im Kindergarten und in der Schule.

Täglich gibt es überall Aufregendes zu entdecken!

Mit 3 Jahren kann es in den Kindergarten gehen.

Mit 4 Jahren sind alle Bewegungen sicher und kontrolliert. Das Kind kann allein essen, sich anziehen, Zähne putzen und sich kämmen.

## SCHULZEIT

Mit 6 Jahren kommt das Kind in die Schule. Es macht Spaß, mit anderen Kindern schreiben, lesen und rechnen zu lernen.

Vormittags ist für alle Kinder Unterricht.

Während der Grundschulzeit fallen die Milchzähne aus.

Wenn die Hausaufgaben erledigt sind, macht es Spaß, mit Freunden zusammen zu spielen und etwas zu unternehmen.

# PUBERTÄT UND JUGEND

Etwa ab dem 11. Lebensjahr beginnt sich der Körper zu verändern. Aus dem Jungen wird allmählich ein Mann, aus dem Mädchen eine Frau.

Beim Jungen werden die Schultern breiter, die Stimme wird tiefer, Haare wachsen im Gesicht, auf der Brust, unter den Achseln und im Schambereich. Mit dem Körper wandelt sich auch der kindliche Charakter!

Auch am Körper der Mädchen zeigen sich nach und nach Veränderungen. Bei der Geschlechtsreifung tritt auch die erste Regelblutung auf.

Der Busen beginnt langsam zu wachsen.

Haare erscheinen unter den Achseln und im Schambereich.

In diesem Alter verbringen Mädchen sehr viel Zeit mit Freundinnen und neuen Hobbies. Mit den Eltern gibt es öfter Meinungsverschiedenheiten!

## ERWACHSENSEIN

Mit etwa 20 Jahren hört der Körper auf zu wachsen. Wir haben unsere endgültige Größe erreicht, aber unser Körper entwickelt sich weiter.

Zwischen 20 und 30 sehen die meisten noch jugendlich aus.

Zwischen 30 und 40 bilden sich die ersten Falten.

Ab etwa 45 wird bei vielen Männern der Haarwuchs dünner.

Mit ca. 60 werden die Haare oft weiß und der Körper rundlicher.

# DAS ALTER

Im Alter werden die Knochen anfälliger, die Muskeln sind weniger kräftig. Die Haut wird dünner, und die Falten werden tiefer.

Die Augen werden schlechter: Oft ist eine Brille nötig.

Beim Gehen braucht mancher alte Mensch einen Stock.

Auch mit 60 oder 70 treiben noch viele Menschen Sport!

Manche Menschen sterben früher, andere werden sogar 100!

# ERNÄHRUNG UND KÖRPERPFLEGE

# GUT ESSEN

Essen macht Spaß. Um sich gut zu ernähren, sollte man aber verschiedene Nahrungsmittel essen und nie zuviel von einem!

Unsere Nahrung besteht aus sehr unterschiedlichen Bestandteilen, die der Körper braucht, um gesund zu bleiben.

## NAHRUNG ALS ENERGIESPENDER

Zucker und Fett geben dem Körper die Energie, die er für seine Arbeit braucht.

Zucker ist in Brot, Nudeln, Kartoffeln und Obst; Fett steckt in Fleisch, Öl, Milch und Butter.

Wieviel Zucker und Fett man braucht, hängt davon ab, wie alt und wie aktiv man ist.

## NAHRUNG LÄßT UNS WACHSEN

Diese Lebensmittel hier sind für die Entwicklung Deines Körpers äußerst wichtig: Sie helfen Dir beim Wachsen!

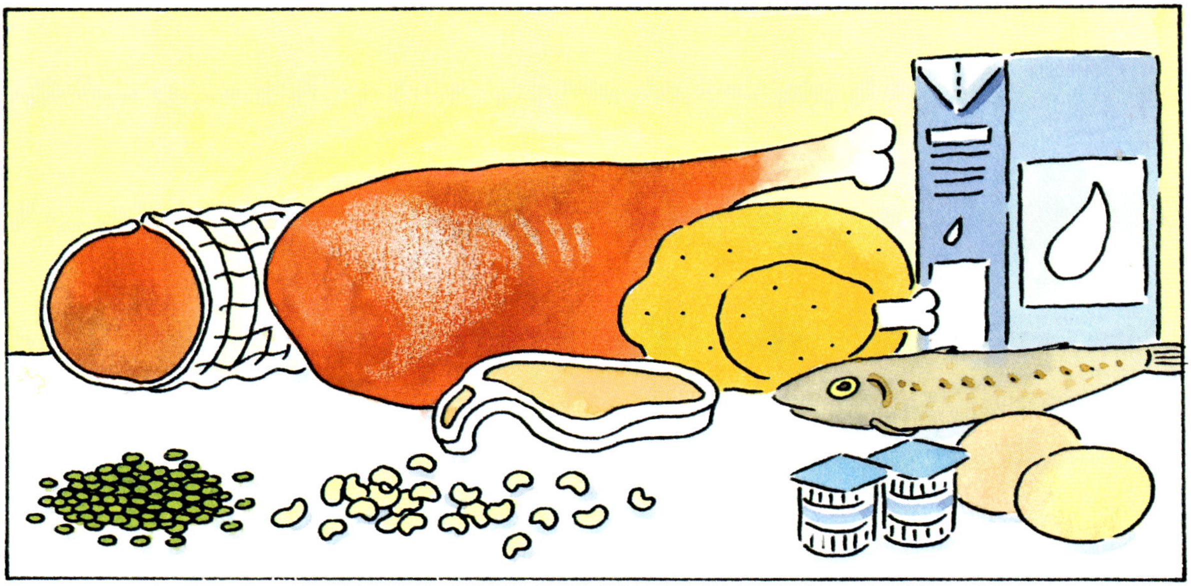

Milchprodukte, Hülsenfrüchte, Eier, Fisch und Fleisch unterstützen das Wachstum Deines Körpers.

Der Brei enthält all das, was das Baby zum Wachsen braucht.

Die Nahrung gibt Deinem Körper wieder Kraft, wenn Du krank bist.

# DIE VITAMINE

Vitamine sind Stoffe, die in fast allen Lebensmitteln enthalten sind und dafür sorgen, daß Deine Organe (z.B. Herz, Leber, Augen) gut arbeiten.

Die Vitamine in Obst und Gemüse helfen Dir, Krankheiten abzuwehren.

Die Vitamine in Fisch, Käse und Butter sind gut für Deine Knochen.

Die Vitamine in Leber, Butter Eiern und Öl sind nützlich für Deine Augen und Haut.

Die Vitamine in Getreide, Obst, Gemüse und Fleisch helfen bei Deinem Muskelaufbau.

## WARUM MÜSSEN WIR ESSEN?

Wir essen, damit unser Körper gut funktioniert, aber auch, damit wir genügend Kraft haben, um mit dem Körper etwas zu tun.

Nach der langen Nacht ohne Essen brauchst Du Nahrung, um in Kindergarten oder Schule in Form zu sein.

Wer groß werden will, muß Nahrung zu sich nehmen.

Wir essen auch, um uns vor Kälte zu schützen.

## WIE SOLLEN WIR ESSEN?

Der Magen braucht viel Energie, um das Essen verdauen zu können. Wenn man ihm diese Energie wegnimmt, arbeitet der Magen schlecht.

Beim Essen sollte man sich deshalb nicht aufregen.

Beim Essen oder direkt danach sollte man keinen Sport treiben.

Zuviele Zwischenmahlzeiten machen den Magen müde.

Nach dem Essen sollte man sich ein wenig ausruhen.

# EINE AUSGEWOGENE MAHLZEIT

Eine ausgewogene Mahlzeit ist nicht zu üppig und besteht aus leichten, gesunden Nahrungsmitteln wie magerem Fleisch, Gemüse und Obst.

Nur eine der vier abgebildeten Mahlzeiten ist ausgewogen. Welche? Warum sind die anderen nicht so empfehlenswert?

# WIR WERDEN MÜDE

Den Tag über verbrauchen wir viel Kraft und Energie. Deshalb ist unser Körper am Abend müde. Kleine Kinder müssen besonders viel schlafen.

Wir gähnen. Die Augen brennen. Das zeigt, daß wir müde sind.

Unsere Glieder sind ganz schwer geworden. Wir gehen ins Bett.

Es ist schön, mit dem Kuscheltier ins Bett gebracht zu werden.

Toll ist es auch, wenn Mama oder Papa eine Geschichte vorlesen.

## TRÄUME

Auch das Gehirn ruht sich nachts aus. Aber nicht die ganze Zeit über. Ungefähr alle zwei Stunden arbeitet es, und wir träumen dann.

Wir träumen von dem, was wir tagsüber erlebt haben.

Wir träumen von Dingen, die wir uns sehr wünschen.

Manchmal träumen wir auch ganz verrückte Sachen.

Es kann vorkommen, daß man beim Träumen laut spricht.

Wir träumen in jeder Nacht einmal oder mehrmals. Aber nicht immer können wir uns an unsere Träume erinnern.

Es kommt vor, daß wir Schreckliches träumen: ein Alptraum.

Nach einem Alptraum läßt es sich nicht so leicht wieder einschlafen.

Schlafwandler stehen auf, laufen umher und legen sich wieder hin - dabei schlafen sie! Nach dem Aufwachen erinnern sie sich an nichts!

# WENN WIR KRANK SIND

Wir fühlen uns nicht gut, wir haben Fieber. Jetzt ist es an der Zeit, zum Arzt zu gehen oder, wenn es uns sehr schlecht geht, ihn zu rufen.

Der Arzt tastet den Hals nach Schwellungen ab.

Mit dem Stethoskop hört er die Atmung ab.

Er leuchtet in Rachen und Hals, ob etwas entzündet ist.

Danach tastet er den Bauch ab.

Nach dieser Untersuchung kann der Arzt meistens sagen, welche Krankheit wir haben, und wie wir behandelt werden müssen.

Er schreibt ein Rezept für die Medikamente, die man in der Apotheke besorgen muß. Diese Medikamente helfen uns, gesund zu werden.

Oft verschreibt der Arzt auch Bettruhe, die wir einhalten müssen.

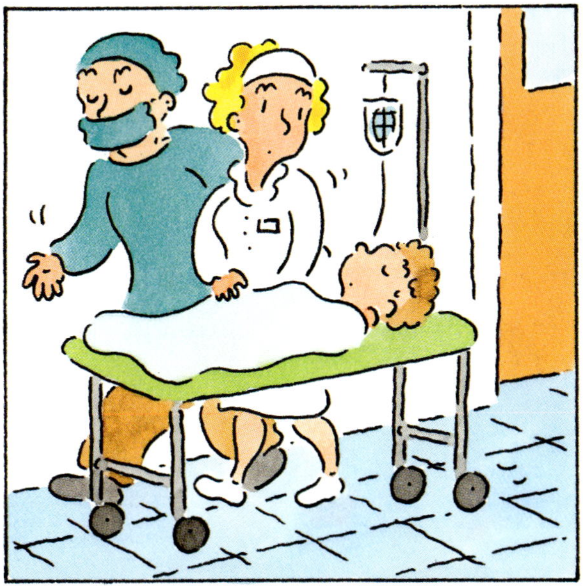

Bei manchen Krankheiten muß man ins Krankenhaus.

## KINDERKRANKHEITEN

Es gibt verschiedene Kinderkrankheiten. Bei einigen hat man Ausschläge und hohes Fieber. Sie sind ansteckend, aber man hat sie nur einmal!

Windpocken sind Pusteln, die sehr jucken.

Bei Mumps schwillt das Gesicht seitlich stark an.

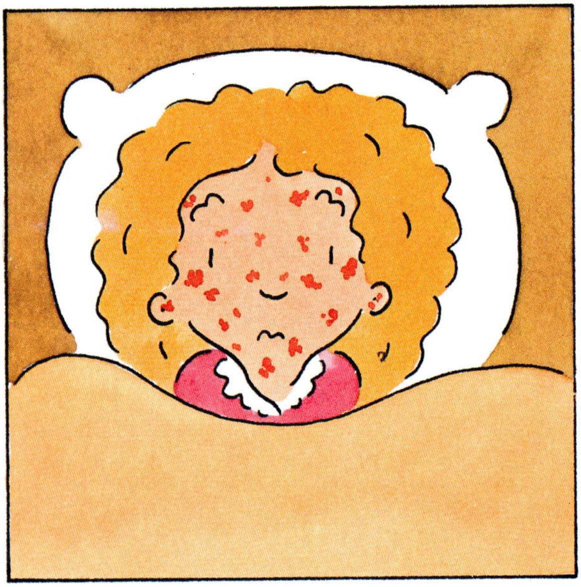

Bei Masern hat man überall rote Flecken.

Vorsicht bei starkem Husten. Es könnte Keuchhusten sein!

## IMPFUNGEN

Damit man bestimmte schwere Krankheiten, wie z. B. Kinderlähmung, bei der die Muskeln zerstört werden, nicht bekommt, wird man geimpft.

Es gibt aber nicht gegen alle Krankheiten einen Impfstoff. Noch immer suchen z. B. die Wissenschaftler nach einem Impfstoff gegen Aids.

## SCHWERE KRANKHEITEN

Du hast sicher schon etwas von Krebs gehört. Diese Krankheit befällt verschiedene Körperbereiche und läßt Organe nicht mehr funktionieren.

Bei der Behandlung des Krebses fallen manchmal die Haare aus.

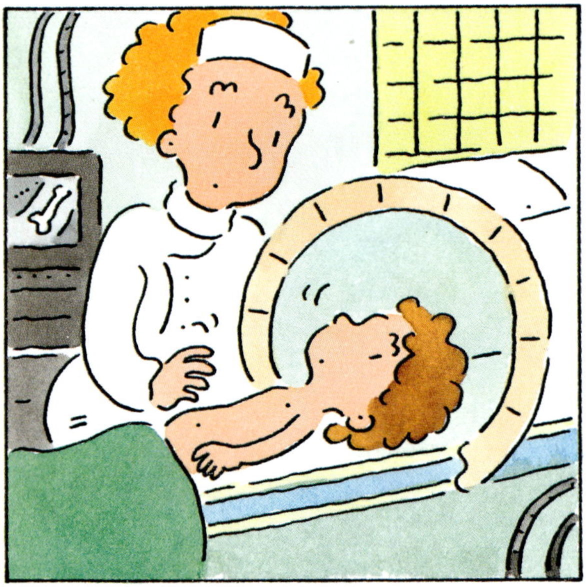

Oft wird mit einer Röntgenaufnahme das Körperinnere untersucht.

Einige Krankheiten sind nur durch eine Operation heilbar.

Nach einer schweren Krankheit ist viel Ruhe und Erholung nötig.

## BLAUE FLECKEN UND BEULEN

Wenn wir uns stoßen, kann es sein, daß die Blutgefäße aufgerissen werden, ohne daß wir äußerlich bluten. Es blutet dann unter der Haut.

Wenn wir uns am Körper anstoßen, bildet sich ein Blutfleck unter der Haut, ein blauer Fleck.

Wenn wir den Kopf anstoßen, bekommen wir eine Beule. Dann muß ein kalter, feuchter Umschlag aufgelegt werden.

## WARUM MUß MAN SICH WASCHEN?

Wir schwitzen ständig, auch in der Nacht. Wenn der Schweiß trocknet, kann er unangenehm riechen.

Um uns gut zu fühlen, waschen wir uns. Morgens macht uns eine Dusche munter. Ein Bad am Abend hilft uns zu entspannen.

Durch das Waschen werden die Bakterien, die auf der Haut sind und Krankheiten verursachen können, beseitigt.

Nach dem Bad oder der Dusche müssen wir uns gut abrubbeln und abtrocknen. Das fördert die Durchblutung und schützt vor Kälte.

Zur richtigen Körperpflege gehört auch, die Nägel zu säubern und zu schneiden. Manchmal entfernt man auch Hornhaut an den Füßen.

## HAARPFLEGE

Haare leben 4 oder 5 Jahre lang, bis sie ausfallen. Neue Haare wachsen dann an ihrem Platz.

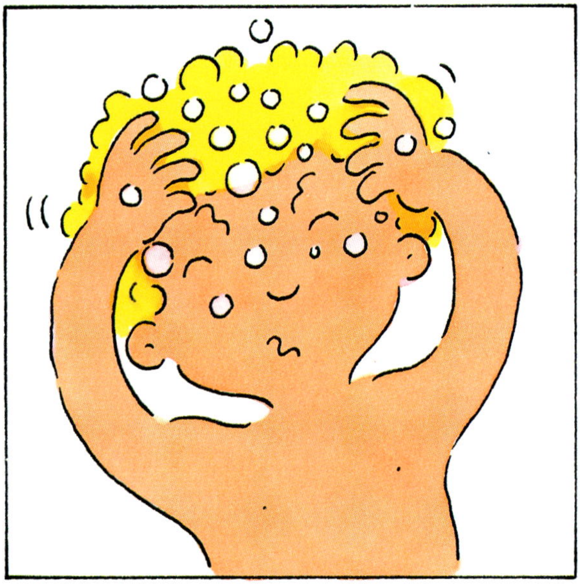

Man wäscht die Haare mit Shampoo oder Seife.

Haare wachsen besser, wenn man sie regelmäßig schneidet.

Es kann passieren, daß man Kopfläuse bekommt. Man muß sie sofort bekämpfen, denn sie vermehren sich sehr schnell.

# WOZU SIND HAARE DA

Du mußt Deine Haare gut pflegen, denn sie haben die wichtige Aufgabe, Deinen Kopf zu schützen.

Sie sorgen dafür, daß die Sonne den Kopf nicht direkt bescheint.

Wenn es kalt ist, wärmen die Haare den Kopf.

Sie schützen den Kopf vor Schlägen.

Durch die Haare erhält jeder sein eigenes Aussehen.

## GESUNDE ZÄHNE

Gesunde Zähne zu haben, ist ganz einfach, wenn man bestimmte Regeln beachtet.

Putze Deine Zähne täglich nach jeder Mahlzeit!

Trinke viel Milch und esse Eier, Fisch und Milchprodukte!

Benutze Deine Zähne nicht als Schere oder Zange!

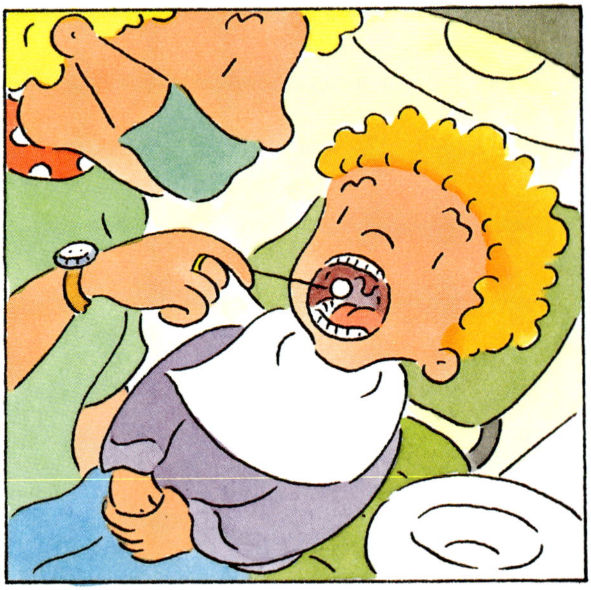

Gehe zweimal im Jahr zum Zahnarzt!

# KARIES

Vorsicht, wenn Speisereste zwischen den Zähnen hängen bleiben: Bakterien sammeln sich dort und fressen ein Loch. Das ist Karies.

Wenn Deine Zähne beim Eisessen schmerzen, dann ist das vielleicht der Beginn von Karies. Du mußt zum Zahnarzt gehen.

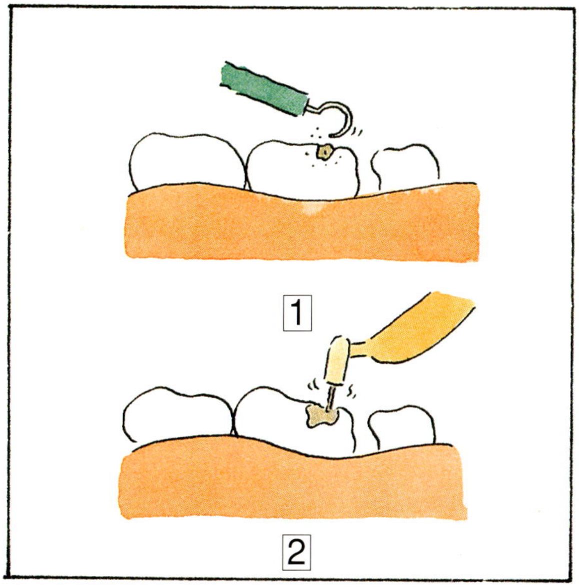


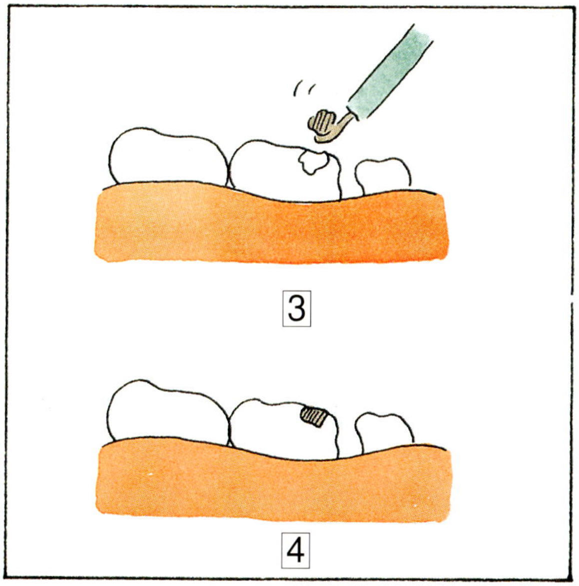


1- Der Zahnarzt legt die angegriffene Stelle frei. 2- Mit dem Bohrer säubert er das Loch. 3- Mit einer Füllung wird das Loch geschlossen. 4- Das Loch ist verplombt.

## FITNESS

Um gesund und fit zu bleiben, ist es wichtig, unsere Muskeln und Knochen in Schwung zu halten. Deshalb treiben viele Menschen Sport.

Sport entwickelt und vergrößert unsere Muskelkraft.

Auch Herz und Lunge werden durch Sport gestärkt.

Wenn man nervös ist, baut Bewegung überflüssige Energie ab.

Außerdem macht es großen Spaß, mit anderen zu spielen.

## SICH ÄRGERN UND GETRÖSTET WERDEN

Wenn wir uns sehr ärgern, können wir auch richtig wütend werden. Danach müssen wir von jemandem, den wir mögen, getröstet werden.

Wenn uns etwas nicht gefällt, ärgern wir uns manchmal.

Dann schreit und weint man. Und das Herz schlägt sehr schnell.

Man stampft mit dem Fuß und regt sich schrecklich auf.

Wenn uns jemand tröstet und beruhigt, geht der Ärger vorbei.

## LACHEN UND WEINEN

Wir lachen, wenn wir fröhlich sind, und wir weinen vor Traurigkeit. Nicht nur Kinder, sondern auch Erwachsene lachen und weinen.

Wir müssen lachen, wenn etwas sehr lustig ist.

Manchmal lacht und weint man gleichzeitig.

Man weint, wenn man sich wehgetan hat oder wenn man traurig ist. Die Augen füllen sich mit Tränen, die über die Wangen laufen.

## RICHTIG ODER FALSCH?

Am Ende dieses Wörterbuches hier noch einmal einige Testfragen: Kannst Du sagen, welche Sätze richtig und welche falsch sind?

1. Die Nahrung gelangt in unsere Lunge.
2. Die Leber schlägt 70 mal in der Minute.
3. Beim Schlafen atmet man langsamer.
4. Die Knochen wachsen das ganze Leben lang.
5. Alle Menschen haben die gleichen Fingerabdrücke.
6. Das Blut enthält weiße und gelbe Blutkörperchen.
7. Erwachsene haben 32 Zähne.

# INHALTSVERZEICHNIS





Titel der französischen Ausgabe:
L'imagerie du corps humain.
Printed in Italy

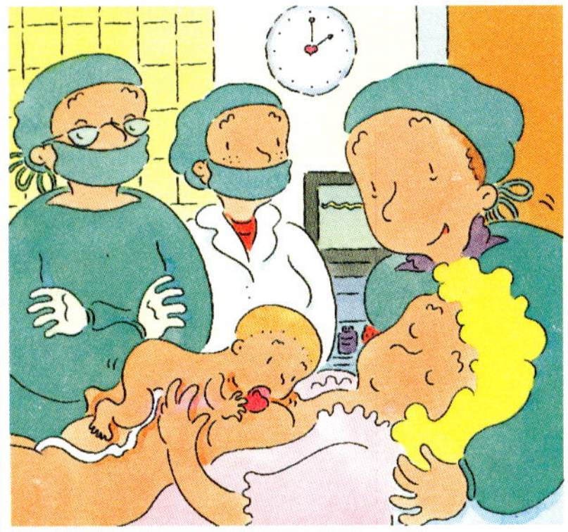